AF277914

EL PODER DE LA PROXIMIDAD

Carlos Moreno es un científico franco-colombiano, profesor en el IAE París Sorbona. Reconocido mundialmente por sus ideas pioneras, su concepto de la «ciudad de los 15 minutos» ha transformado ciudades en los cinco continentes. Ha recibido numerosos premios por su contribución a un urbanismo más humano y sostenible.

CARLOS MORENO

EL PODER DE LA PROXIMIDAD

Vivir en la ciudad

EN DEBATE

Papel certificado por el Forest Stewardship Council®

Primera edición: enero de 2026

© 2025, Carlos Moreno
© 2026, Penguin Random House Grupo Editorial, S. A. U.
Travessera de Gràcia, 47-49. 08021 Barcelona

Penguin Random House Grupo Editorial apoya la protección de la propiedad intelectual.
La propiedad intelectual estimula la creatividad, defiende la diversidad en el ámbito de las
ideas y el conocimiento, promueve la libre expresión y favorece una cultura viva. Gracias
por comprar una edición autorizada de este libro y por respetar las leyes de propiedad
intelectual al no reproducir ni distribuir ninguna parte de esta obra por ningún medio sin
permiso. Al hacerlo está respaldando a los autores y permitiendo que PRHGE continúe
publicando libros para todos los lectores. Ninguna parte de este libro puede ser utilizada
o reproducida con el propósito de entrenar tecnologías o sistemas de inteligencia artificial.
PRHGE se reserva expresamente la reproducción, la extracción y el uso de esta obra y de cualquiera
de sus elementos para fines de minería de textos y datos y el uso a medios de lectura
mecánica u otros medios que resulten adecuados (art. 67.3 del Real Decreto Ley 24/2021).
Diríjase a CEDRO (Centro Español de Derechos Reprográficos, http://www.cedro.org)
si necesita reproducir algún fragmento de esta obra.
En caso de necesidad, contacte con: seguridadproductos@penguinrandomhouse.com

Printed in Spain – Impreso en España

ISBN: 979-13-87600-30-3
Depósito legal: B-14.575-2025

Compuesto en La Nueva Edimac, S. L.

Impreso en Artes Gráficas Huertas
Fuenlabrada (Madrid)

C600303

Índice

La génesis de este libro. 11
Por el derecho a vivir en la ciudad 17

1. Contexto iberoamericano y sus desafíos
   urbanos 21
2. De la política del cuidado a la política del
   bienestar. 31
3. Alojamiento asequible, calidad de vida y
   desafíos 48
4. Proxiliencia: la proximidad como resiliencia 73
5. Ciudades que enferman, ciudades que sanan 91
6. Fortalecer la proximidad en las ciudades
   iberoamericanas. 108

Epílogo 131
Agradecimientos 139
Notas 141

La ignorancia lleva al miedo, el miedo lleva al odio, el odio lleva a la violencia.

Esa es la ecuación.

AVERROES (1126-1198)

La génesis de este libro

Este libro es el resultado de motivaciones múltiples que, con el tiempo, maduraron y confluyeron de forma natural. Nací en Colombia y vivo en París desde mis veinte años. Conozco de cerca la realidad de la península ibérica y mantengo un vínculo permanente con América Latina, en un diálogo constante entre territorios, culturas y modos de habitar.

Siempre sentí que este libro tenía que ver la luz en mi lengua materna, el español, y que debía centrarse en las problemáticas urbanas y territoriales propias del espacio iberoamericano, con toda su riqueza, complejidad y diversidad.

Invitado con frecuencia a dar conferencias, cursos magistrales, charlas y a trabajar en proyectos en distintas ciudades de Iberoamérica, he tenido el privilegio de conocer a personas extraordinarias, con quienes he sostenido intercambios fecundos, discusiones apasionadas y reflexiones comunes en torno a una pregunta central: ¿en qué ciudad, en qué territorio queremos vivir?

Fue así como se impuso la necesidad de darle forma duradera a estos diálogos. De reunir estas ideas, inquietudes y aprendizajes en un libro que no solo estructure una visión, sino que aporte al debate contemporáneo sobre los desafíos que enfrenta y las posibilidades que ofrece el mundo urbano y territorial iberoamericano.

Invitado a participar en la Asamblea General de ONU-Hábitat en 2023, celebrada en Nairobi, Kenia –un momento significativo para la comunidad internacional del urbanismo–, dos anécdotas vinieron a reforzar mi convicción de que era necesario abrir este debate.

Por un lado, México ejercía entonces la presidencia de la Asamblea, y la ciudad de Querétaro fue designada como sede del Día Mundial del Hábitat 2024, la celebración que tiene lugar cada primer lunes de octubre y da inicio al mes urbano mundial. Recuerdo el entusiasmo sincero de los delegados mexicanos, la energía con la que compartieron sus proyectos y la gentil invitación que me cursaron para acompañarlos en esa próxima edición. Fue una muestra clara de apertura, de compromiso con la agenda urbana y de vocación internacionalista.

Por otro lado, viví una experiencia muy distinta al ser presentado a la entonces ministra de Ciudad, Vivienda y Territorio de Colombia, mi país natal. Lo que encontré fue frialdad, desinterés y distancia total. No hubo espacio para el diálogo, ni señales de apertura a un intercambio. Fue, lamentablemente, una expresión paradigmática de la burocracia política: cerrada, autorreferencial, desconectada de los grandes desafíos que enfrenta el urbanismo contemporáneo, incluso en las más altas esferas de un gobierno dicho «del cambio».

Ese contraste no hizo más que reforzar mi motivación para contribuir a una discusión pública más amplia, abierta y rigurosa. Una discusión que permita romper con las inercias del urbanismo del siglo XX, cuyas lógicas, a pesar del tiempo transcurrido, siguen demasiado presentes en el siglo XXI. Pensar y actuar hoy en materia urbana exige superar visiones obsoletas, modelos agotados y mentalidades que se resisten al cambio, cuando justamente el cambio –profundo, estructural, ético– es lo más urgente.

De paso en 2024 por Medellín, ciudad icónica de Colombia y referencia internacional en innovación urbana, quedé impresionado por el contraste entre avances notables y retrocesos preocupantes. Allí pude observar lo que una gobernanza esclarecida, con visión colectiva y compromiso público, pudo lograr: proyectos transformadores, inclusión territorial, nuevas centralidades. Pero también fui testigo de cómo esos avances pueden verse debilitados por prácticas de gobernanza marcadas por intereses particulares, por decisiones alejadas del bien común, a veces confusas en términos de ética y sostenibilidad social.

En Bogotá, siempre me ha sorprendido la esterilidad de los debates urbanos, marcados por egos desmedidos, querellas triviales y una alarmante falta de atención a los problemas estructurales que enfrenta la ciudad. Con demasiada frecuencia, las decisiones se toman desde paradigmas anclados en el siglo XX. Esta tendencia no solo desfigura el tejido urbano denso, sino que también obstaculiza la posibilidad de construir una ciudad alineada con los desafíos y oportunidades del siglo XXI.

En México, en cambio, he tenido el privilegio de compartir, junto a colegas de la Universidad de Guadalajara –institución al origen de la Cumbre Internacional del Hábitat de América Latina y el Caribe (CIHALC), hoy Hábitat Latam–, largas e intensas discusiones sobre el pasado, el presente y el futuro de nuestras ciudades iberoamericanas. Han sido espacios fecundos de diálogo, con voces diversas y visiones comprometidas. En ciudades como Ciudad de México, Guadalajara, Monterrey, San Pedro Garza García, Tijuana, Querétaro, entre muchas otras, esos intercambios marcaron momentos fundamentales de reflexión compartida y construcción de propuestas.

En Argentina, conversaciones con actores de Buenos Aires, Santa Fe, Rosario, La Plata, Bariloche, Tigre, Córdoba, Mendoza, Neuquén, Santiago del Estero, entre muchas otras ciudades y territorios, han contribuido a construir ecosistemas de pensamiento y acción, donde la experiencia local se entrelaza con el deseo común de transformar lo urbano en clave de justicia, inclusión y bienestar.

En Brasil, Río de Janeiro, São Paulo, Curitiba, Campiñas, Florianópolis y muchos más han sido lugares fértiles de reflexiones, discusiones y prácticas por un mejor futuro urbano.

En Chile, especialmente en Santiago y su red territorial, el trabajo conjunto con la gobernación regional, organizaciones profesionales, colegas académicos, investigadores y redes como la Trienal del Sur en Valparaíso ha ofrecido un marco estimulante para pensar la ciudad como laboratorio vivo de aprendizaje y cambio.

14

Y podría seguir este recorrido por toda Iberoamérica: desde el gobierno nacional, las autonomías y ciudades de España hasta Portugal, con su valioso entramado urbano y cultural. Cada lugar, cada encuentro han nutrido esta visión de una Iberoamérica urbana plural, crítica y viva, con conciencia histórica y vocación transformadora.

A lo largo de los años, mis notas personales se fueron convirtiendo en un denso archivo: estadísticas, resúmenes de encuentros, conferencias, artículos, publicaciones breves, entrevistas en medios, clases impartidas, propuestas de investigación y tantos otros elementos que han servido como guías de reflexión en mi agitada vida de intercambios. Han sido años de diálogos intensos entre teoría y práctica, de pensar y repensar cómo transformar nuestras ciudades y territorios con justicia, sensibilidad y visión de futuro.

Un encuentro fortuito a partir de Bogotá con Pilar Reyes, directora editorial de la división literaria de Penguin Random House en español –en realidad, como tantas veces, no fue casualidad, sino un cruce de tiempos y sentidos–, derivó en una estimulante conversación e intercambio de ideas. De forma natural surgió la propuesta de este libro: escribir un texto que me permitiera formular e ilustrar en mi lengua materna otras maneras de habitar nuestras ciudades y territorios iberoamericanos. ¡A ella, gracias por su generosa acogida en esta bella casa editorial!

Como decimos en francés, *voilà*. Con Miguel Aguilar, director del sello Endebate, el acuerdo fue inmediato. A partir de allí, con entusiasmo y trabajo, mis reflexiones comenzaron a tomar la forma de este libro. Estas páginas invitan al debate, al encuentro y a la construcción colectiva de futuros urbanos más próximos, más humanos, más habitables.

Por el derecho a vivir en la ciudad

Este libro reflexiona sobre la proximidad y su influencia en la formación de una vida digna en la ciudad. Dicha noción no solo se refiere a acercamientos físicos, sino también afectivos, de conocimiento, de intercambio de experiencias y de inteligencia colectiva en el diseño de ciudades más humanas, saludables y resilientes.

A lo largo de los años, el desarrollo urbano moderno ha dado forma a gigantescas ciudades metrónomo que marcan ininterrumpidamente el ritmo hormigueante de la vida cotidiana. Este modelo ha derivado a menudo en una expansión descontrolada, cuya fuerza centrífuga desplaza a sus habitantes más desfavorecidos y aumenta las distancias y el tiempo necesarios para satisfacer sus necesidades básicas, comenzando por la más fundamental de todas: el acceso a una vivienda de calidad.

El crecimiento urbano fragmentado ha impuesto trayectorias diarias cada vez más largas y costosas entre el lugar de trabajo, los servicios esenciales, la vida familiar y la vida social. Como resultado de esta expansión, la vivienda ha dejado de ser un punto de estabilidad y bienestar para, en su reemplazo, dar origen a dinámicas de exclusión y de segregación espacial y temporal.

A lo largo de estas páginas pretendemos cuestionar las prácticas urbanas que, bajo la premisa de ofrecer «un techo y cuatro paredes», han reducido la vivienda a su mínima expresión de alojamiento. Frente a esta tendencia, proponemos repensar la vivienda no solo como un espacio digno de habitar, sino como un elemento clave en la construcción de la ciudad, de la urbanidad ciudadana y, en definitiva, en la calidad de vida urbana.

La idea no es únicamente garantizar el acceso a una vivienda adecuada, sino integrar aquella visión más amplia de «hábitat integral», que entiende como partes indispensables del derecho a la vida en la ciudad la proximidad a los servicios esenciales, el entorno comunitario y la calidad de los espacios urbanos. Bajo esta expresión, la vivienda deja de ser un lugar para pernoctar y se convierte en un nodo de interacción, sostenibilidad y cohesión social, capaz de generar bienestar y resiliencia en nuestras ciudades.

Exploraremos cómo la idea de proximidad supone una vivienda asequible, movilidad sostenible, espacios públicos accesibles y servicios esenciales bien distribuidos. Para analizar el impacto de la proximidad en la salud física y mental de los habitantes, se introduce el concepto de *proxiliencia*, una combinación de proximidad y resiliencia, que permite a las ciudades adaptarse mejor a posibles crisis en el futuro.

En el siglo XXI, las proximidades se reinventan también gracias a la tecnología, que amplía sus formas de expresión sin nunca perder de vista su eje central: las personas y su calidad de vida. A través de experiencias de modelos urbanos innovadores, este libro no solo ofrece un análisis de los retos actuales, sino que también presenta claves para repensar la ciudad en la prolongación del ecosistema de proximidades de la «ciudad de 15 minutos».

«Del derecho a la ciudad al derecho de vivir en la ciudad: del alojamiento y el alejamiento al pleno ejercicio de vivir en humanidad, dignidad y urbanidad».

1. Contexto iberoamericano y sus desafíos urbanos

¿Existen las ciudades iberoamericanas? Para responder a esta pregunta es necesario adentrarse en la compleja historia urbana que conecta a Europa y América a ambos lados del Atlántico, y explorar si esta herencia compartida ha dado lugar a un tipo de ciudad con características propias y reconocibles.

Las ciudades iberoamericanas no son simplemente un concepto geográfico o político, sino que representan una identidad urbana forjada a través de siglos de influencias cruzadas entre España, Portugal y los territorios de América Latina. Su historia se remonta a las civilizaciones prehispánicas, experimenta una transformación con la colonización y evoluciona durante la modernización y globalización de los siglos XIX y XX.

En América, ciudades prehispánicas como Cusco, Tenochtitlán o Teotihuacán[1] ya mostraban un avanzado desarrollo urbano, con una planificación adaptada al entorno natural (el diseño de Cusco refleja una integración armoniosa entre la arquitectura monumental y el entorno natural), sistemas de movilidad eficientes (como los canales de Tenochtitlán) y una organización social centrada en espacios públicos ceremoniales (el diseño urbano de

Teotihuacán muestra un respeto por el entorno natural y una visión colectiva que priorizaba la cooperación entre sus habitantes). Estas urbes indígenas aportaron no solo conocimientos técnicos, sino también una filosofía de integración con la naturaleza y la comunidad, elementos que aún permanecen, a veces de forma sutil, en muchas ciudades latinoamericanas contemporáneas.

Con la llegada de los colonizadores ibéricos, se introdujo un nuevo modelo urbano basado en la cuadrícula y la plaza mayor, siguiendo las Leyes de Indias dictadas particularmente por la Corona española.[2] Esta influencia dio lugar a un sinfín de ciudades con un mismo patrón reconocible: calles en damero, una plaza central rodeada de edificios administrativos, religiosos y comerciales, y un trazado que facilitaba el control y la evangelización. Ejemplos como Lima, Ciudad de México, Buenos Aires y Quito muestran cómo el modelo ibérico se adaptó a diferentes geografías y contextos sociales, integrando, a menudo, elementos indígenas en la arquitectura y el diseño urbano. Las iglesias barrocas en Quito, por ejemplo, combinan iconografía católica con símbolos andinos, creando un sincretismo visual y cultural único.

Pero la influencia no fue unidireccional. América también dejó su huella en las ciudades ibéricas. Durante los siglos de colonización, las riquezas y las ideas fluyeron de vuelta a Europa, transformando ciudades como Sevilla y Lisboa, que se convirtieron en centros comerciales y culturales conectados con el Nuevo Mundo. Los «indianos», españoles que retornaban de América, construyeron casas inspiradas en el eclecticismo arquitectónico de las Américas, especialmente en Asturias y Galicia.[3] La influencia de los colores vibrantes, los patios interiores y la fusión de estilos arquitectónicos son un testimonio de este intercambio.

La modernización y la industrialización de los siglos XIX y XX añadieron una nueva capa a la identidad de las ciudades iberoamericanas. Ciudades como São Paulo, Ciudad de México y Buenos Aires crecieron exponencialmente y terminaron convirtiéndose en megalópolis con una mezcla fascinante de tradición y modernidad. Estas ciudades adoptaron infraestructuras modernas, pero mantuvieron su estructura histórica, creando contrastes que aún hoy definen su personalidad urbana. En Europa, ciudades como Barcelona o Madrid también experimentaron un proceso de modernización que, en ocasiones, se inspiró en la vitalidad y el dinamismo de las ciudades latinoamericanas.[4]

Entonces, ¿existen las ciudades iberoamericanas?

Sí, existen, pero no como un modelo monolítico, sino como un concepto flexible y dinámico. La identidad de estas ciudades se manifiesta no solo en su arquitectura o en su trazado urbano, además lo hace en la vida de sus calles, en la mezcla cultural de sus habitantes, en la informalidad creativa, en los contrastes y desigualdades que conviven (y a veces chocan) en cada una de sus esquinas. Estas complejas urbes también comparten una manera de enfrentar los desafíos contemporáneos mediante formas de resiliencia propias: desde la fuerza comunitaria hasta la innovación urbana desde abajo, y con una mirada puesta en el pasado y otra en el futuro.

A lo largo de su evolución, las ciudades iberoamericanas han sido escenario de influencias cruzadas: desde las tramas prehispánicas y afrodescendientes hasta los patrones coloniales, pasando por las rupturas impuestas por la modernización del siglo xx. La expansión urbana acelerada, el dominio del automóvil, la imposición de infraestructuras masivas y la lógica de zonificación funcional fragmentaron tejidos urbanos que antes se estructuraban en torno a la cercanía, el intercambio y la vida de barrio.

Este proceso atrajo consecuencias que aún marcan nuestras ciudades: segmentación social, desigualdad espacial y temporal, barrios informales excluidos, desplazamientos forzados y una creciente desconexión entre el espacio urbano y las necesidades cotidianas de sus habitantes. Las autopistas reemplazaron a las plazas; los centros comerciales, a los mercados locales; y los desplazamientos largos, al acceso directo. Sin embargo, a pesar de todas estas transformaciones, la proximidad ha sobrevivido –a veces como resistencia, otras como necesidad vital–.

En América Latina, la informalidad urbana no es solo el resultado de una carencia de planificación, sino una respuesta a la falta de acceso formal. Barrios autoconstruidos, mercados comunitarios, redes vecinales de cuidado y movilidad alternativa han generado espacios de cercanía que garantizan la supervivencia y el bienestar. En la península ibérica, por su parte, aunque la integración urbana ha sido más sistemática, también persisten importantes tensiones y desigualdades entre el ideal planificado y la realidad vivida.

En ambos contextos, el vecindario conserva su valor como unidad significativa de la vida urbana, fortaleciendo el lazo social allí donde el Estado no llega o se retira. La proximidad entre personas, servicios y espacios ha sido la base silenciosa de la resiliencia urbana. En tiempos de crisis –económicas, sanitarias, climáticas–, estas redes de cercanía han demostrado su potencia: no como soluciones perfectas, pero sí como alternativas humanas.

Hoy, ante los desafíos del presente –crisis climática, pérdida de biodiversidad, desigualdad estructural, colapso de los sistemas de movilidad, contaminación ambiental masiva, crisis hídricas, aislamiento social–, la proximidad cobra aún más relevancia, no como un deseo nostálgico, también como una necesidad estratégica. Reorganizar las ciudades en torno a la cercanía implica repensar el modelo urbano: acortar distancias entre vivienda, trabajo, salud, educación y cultura; fomentar la mezcla social; fortalecer la vida pública; reducir la dependencia del automóvil y recuperar el tiempo para vivir.

Pero esta transformación no puede venir solo desde arriba. No se trata de importar modelos, sino de aprender de las prácticas ya existentes, pues las ciudades iberoamericanas, con todas sus contradicciones, ya han producido formas concretas de proximidad. La clave está en reconocerlas, valorarlas y construir a partir de ellas un nuevo horizonte urbano basado en el bienestar, el cuidado y la equidad.

Proyectarse hacia el futuro exige un doble movimiento: recordar y transformar. Recordar aquello que nuestras ciudades han sabido hacer bien –la vida compartida, el arraigo barrial, la creatividad desde la escasez–, y transformar las estructuras que generan exclusión, distancia y fragmentación.

La proximidad no es solo una forma de organizar el espacio: es una manera de habitar, de relacionarse, de construir ciudad con otros. Es, quizá, el principio más profundamente humano sobre el cual proyectar el futuro de nuestras ciudades iberoamericanas.

¿Qué significa la proximidad en el contexto urbano?

Cuando evocamos el concepto de la «ciudad de los 15 minutos», reconocemos en la proximidad su principio rector.[5] La creciente relevancia que esta noción ha adquirido en el debate contemporáneo se da por tratarse no solo de reorganizar el espacio urbano en una dimensión física, sino ante todo de reconfigurar la ciudad en función de la cercanía entre servicios, personas y oportunidades, propiciando de esta manera valores profundamente humanos como son el bienestar, el cuidado, la ayuda mutua y la calidad de vida cotidiana. El objetivo es que las funciones esenciales de la vida –trabajar, estudiar, acceder a la salud, abastecerse y disfrutar del ocio, de la cultura, de la naturaleza– estén al alcance de una caminata o de un breve recorrido, sin depender del automóvil ni someterse a desplazamientos largos, costosos o indignos. En América Latina y la península ibérica, sin embargo, la proximidad no es solo un ideal urbano, sino también una realidad histórica –aunque muchas veces ha sido desatendida por la planificación oficial–.

La proximidad es mucho más que una cuestión de distancias métricas o de mapas. Es una condición política, social y cultural. Durante siglos, nuestras ciudades crecieron bajo lógicas coloniales y extractivas, con centros dominantes y periferias relegadas. Esa herencia aún pesa en la forma en que nos movemos, nos encontramos –o nos separamos– en el espacio urbano.

Hoy, la proximidad aparece como una respuesta crítica a la fragmentación y a la desigualdad espacial y temporal. Hablar de proximidad es reivindicar la escala humana frente a la expansión desmedida, el anonimato, la dependencia del automóvil; se trata de dejar de vivir la ciudad como un péndulo gigante que devora nuestro tiempo útil, personal, familiar, de vecindario y amistades, y a cuyo ritmo perdemos nuestra vida en el afán de ganarla. Se trata de encontrar de nuevo «la ciudad de los afectos», un espacio donde podamos recoger la invitación del gran Pepe Mujica, expresidente del Uruguay, cuando dijo: «Dediquen un "cacho" de tiempo de su vida para cultivar los afectos porque al final del cuento lo único que quedan son los afectos».[6]

Pero proyectar la proximidad hacia el futuro requiere más que planificación técnica: implica imaginar una ciudad de vínculos, de cuidados, de barrios vivos. Implica también reconciliarse con el pasado: reconocer que la informalidad, a menudo vista como problema, ha sido también una forma espontánea y resiliente de construir proximidad. El desafío está en aprender de esas prácticas sin romantizarlas, integrarlas sin domesticarlas y construir ciudades más justas desde lo que ya existe.

El papel transformador de la proximidad

La ciudad puede enfermar, pero también puede sanar. En el presente, nuestras ciudades están marcadas por múltiples formas de malestar urbano: estrés, soledad, sedentarismo, contaminación, inseguridad alimentaria y violencia. Todo ello afecta la salud física, mental y social de millones de habitantes, especialmente de los más vulnerables.

Múltiples estudios[7] han demostrado que el entorno impacta directamente en la salud de las personas: el acceso a servicios, la calidad del espacio público, la movilidad activa y la interacción social son determinantes claves.

En este sentido, la proximidad reduce tiempos de desplazamiento, mejora la cohesión social y fortalece la autonomía de grupos vulnerables, especialmente de mujeres, personas mayores y niños. Además, permite reconstruir la escala humana del urbanismo, desafiando la lógica funcionalista del siglo XX y recuperando prácticas históricas de vida comunitaria, muchas de ellas arraigadas en saberes indígenas, afrodescendientes y populares.

La proximidad tiene un papel transformador en este escenario. Una ciudad de distancias cortas y servicios accesibles promueve el caminar, el encuentro, la participación. Reduce el aislamiento, mejora la convivencia, facilita el acceso a la salud y al bienestar emocional. Genera, en suma, condiciones para una vida más sana, más activa y conectada.

Pero, para avanzar hacia ese futuro, es necesario mirar también el pasado. Nuestras ciudades no han sido siempre hostiles: en sus orígenes indígenas, afrodescendientes y mestizos, existen memorias de convivencia más estrecha con la naturaleza, de vínculos comunitarios, de saberes de cuidado.[8] Recuperar estas memorias –a menudo invisibilizadas por la narrativa oficial– puede ser muy valioso para imaginar formas de salud urbana más integrales y enraizadas.

Frente a los retos de nuestro siglo, el bienestar urbano ya no puede ser un concepto marginal ni un privilegio para pocos. Es una urgencia colectiva. Repensar las ciudades iberoamericanas desde el bienestar implica cambiar el centro de gravedad de la planificación: de la infraestructura al cuidado, del rendimiento al equilibrio, del crecimiento al vivir bien. La noción de proximidad ofrece un marco coherente para reconfigurar los entornos urbanos en torno a la equidad, la sostenibilidad y el bienestar. No se trata de aplicar modelos importados, sino de construir desde las propias realidades iberoamericanas, reconociendo sus contradicciones, sus resistencias y sus potencialidades.

En este sentido, la proximidad no es solo una estrategia urbana: es una apuesta civilizatoria. Una forma de reconstruir el vínculo entre espacio y vida, entre urbanismo y humanidad.

Autores como Teresa Caldeira o Jordi Borja[9] han señalado cómo las tramas populares producen formas urbanas espontáneas basadas en la cercanía y la cooperación. Estas experiencias –lejos de ser fallas del sistema– constituyen laboratorios de innovación social desde abajo y representan una reserva de saberes urbanos que pueden orientar el futuro.

El desafío es doble: por un lado, es urgente proteger estas formas de vida de los procesos de gentrificación y expulsión; por otro, es necesario traducir los aprendizajes que de ellas se derivan en políticas públicas que revaloricen la proximidad como principio de justicia espacial y temporal.

El futuro de nuestras ciudades no puede seguir el camino que se viene trazando. No podemos continuar edificando ciudades de exclusión, de desplazamientos interminables, de muros visibles e invisibles. Necesitamos imaginar ciudades que abracen la vida en todas sus formas, que prioricen el acceso equitativo, la justicia ambiental, la convivencia intercultural.

Pero una tarea como esa nos obliga a asumir una mirada honesta sobre el pasado: reconociendo las heridas abiertas por el racismo, el patriarcado, la expulsión de comunidades enteras, pero también recuperando lo mejor de nuestras tradiciones urbanas: la vida de barrio, el espacio público como escenario de encuentro, la creatividad desde la escasez, la solidaridad como recurso urbano.

En definitiva, repensar las ciudades desde el bienestar es mirar lo que tenemos, entender de dónde venimos y atreverse a imaginar juntos otras formas de habitar.

2. De la política del cuidado a la política del bienestar

Todo comenzó con un hueso soldado

Cuenta la anécdota que durante un programa de radio una estudiante preguntó a la antropóloga norteamericana Margaret Mead cuál era, para ella, el primer signo de civilización humana. La respuesta habría sido tan simple como reveladora: «Un fémur fracturado y curado».[10] En efecto, no se trataba de una herramienta, ni de una construcción monumental, ni de una inscripción antigua, sino de algo mucho más humano: la evidencia de que, en algún momento del pasado, un ancestro *sapiens* sufrió la quebradura de una pierna y no fue abandonado por sus semejantes. Alguien más se detuvo, lo cuidó, lo alimentó, lo protegió hasta que el hueso sanó. Porque, en la naturaleza salvaje, una fractura así casi siempre significaba la muerte. Pero allí, en ese hueso curado, había una huella: la de un vínculo. La de una comunidad que priorizó el cuidado por sobre la mera supervivencia.

Esta historia, real o no, da cuenta de un legado, un gesto primitivo casi invisible que habría marcado el inicio de algo más grande: la posibilidad de una vida en común. De una vida sostenida no solo por la fuerza, sino por la interdependencia. Este símbolo ancestral nos enseña que el cuidado es, en esencia, el primer acto de civilización. No hay cultura sin el otro, no hay futuro sin sostén. Cuidar –detenerse, atender, reparar, acompañar– es la base silenciosa de toda organización humana duradera.

Pero hoy, en nuestras ciudades fracturadas, esa noción necesita evolucionar. El cuidado ya no puede entenderse únicamente como una respuesta individual, asistencial o sectorial. Es momento de pensarlo como un principio estructurante del hábitat urbano, y para ello necesitamos ampliar su alcance: del cuidado como gesto específico al bienestar como condición permanente, inmanente a la calidad de vida de cada cual en todo momento y en todo lugar.

Ahí es donde el paradigma de la proximidad se vuelve esencial.

Porque la proximidad –entendida como algo más que cercanía física: como densidad de relaciones, acceso equitativo y calidad de vínculos– hace posible cuidar y ser cuidados de forma cotidiana, distribuida y sostenida. No se trata solo de acercar servicios, sino de acercar mundos: de reducir las distancias que generan desigualdades, aislamientos, desarraigos. Se trata también de crear territorios donde el cuidado no sea una excepción heroica, sino una práctica normalizada.

En ese sentido, el hueso fracturado y curado que evocaba Mead no es solo una prueba de cuidado: es también una metáfora poderosa para pensar nuestras ciudades. Porque ¿qué es una ciudad sino un cuerpo colectivo, hecho de miles o millones de vidas entrelazadas, cada una con sus fragilidades y potencias? ¿Y qué significa entonces hablar de una ciudad que «cura», que «cuida», que permite que sus partes –sus huesos rotos– se recompongan?

En las ciudades contemporáneas, los huesos fracturados pueden tomar muchas formas: un barrio aislado, una comunidad excluida, un sistema de salud colapsado, una red de transporte que no conecta, una plaza abandonada. Y, del mismo modo, los huesos que se curan son aquellos tejidos urbanos donde se vuelve posible recomponer los vínculos, reducir las brechas, garantizar una vida digna.

Resignificar el «hueso soldado» hoy es preguntarnos: ¿dónde están nuestros signos actuales de civilización? ¿Qué gestos, qué infraestructuras, qué políticas representan hoy esa misma decisión ancestral de no dejar a nadie atrás?

La respuesta –o al menos una clave poderosa– que exploro en múltiples contextos está en la proximidad.

Porque es en la escala humana donde los cuidados se hacen posibles. En la cercanía, en la vida de barrio, en la interdependencia cotidiana. En un centro de salud accesible, sí, pero también en un banco en la plaza donde alguien puede sentarse a conversar. En una escuela a la que se llega caminando. En una red de apoyo vecinal. En un comercio local que sostiene el tejido económico social. En un espacio público donde la soledad se disuelve, aunque sea por un rato.

La ciudad que cuida, la ciudad que repara, es aquella que ha sabido reconfigurar sus huesos y se encarna no como piezas aisladas, sino como un sistema vivo que se sostiene mutuamente.

Del cuidado al bienestar

En el contexto urbano contemporáneo, es fundamental distinguir entre dos nociones que suelen entrelazarse, pero que en realidad operan en planos distintos: el cuidado y el bienestar. Si bien ambos son componentes esenciales de la calidad de vida, no son equivalentes. El cuidado se inscribe en una lógica de atención, de respuesta frente a una necesidad, una vulnerabilidad o una dependencia. Es relacional por naturaleza y tiende a situarse en el plano de aquello que requiere presencia, acompañamiento o protección. En cambio, el bienestar remite a una condición más estructural y sostenida que asegura el despliegue de una vida digna, autónoma y significativa.

El cuidado suele manifestarse en forma de dispositivos concretos: un centro de salud, un servicio de ayuda a domicilio, un comedor comunitario. Todos ellos responden, en general, a una necesidad detectada y buscan amortiguar o reparar una situación de fragilidad. Sin embargo, por sí solos, no transforman las causas estructurales de esa fragilidad. Por el contrario, el bienestar se construye a partir de un ecosistema urbano más amplio, que incluye el entorno físico, el acceso al tiempo, la movilidad, los servicios, las relaciones sociales y el sentido de pertenencia. Por ello, las políticas públicas que aspiran a elevar la calidad de vida no pueden limitarse a reforzar los dispositivos de cuidado, sino que deben articularlos con estrategias de producción territorial de bienestar.

Tomemos, por ejemplo, el caso de una persona mayor que vive sola en un barrio periférico. Proveerle atención domiciliaria o un centro de día accesible constituye una acción de cuidado, necesaria e ineludible. Sin embargo, si ese mismo entorno ofrece espacios públicos seguros, actividades intergeneracionales, acceso a comercios básicos, transporte de cercanía y oportunidades de participación social, entonces esa persona no solo está siendo cuidada: está viviendo en un entorno que promueve su bienestar, prolongando su autonomía y reforzando su red de apoyos. El paso del cuidado al bienestar implica, en este caso, no una sustitución, sino una expansión del horizonte de lo posible.

Lo mismo ocurre en otros campos: un centro de salud puede atender dolencias, pero un entorno que favorece la caminabilidad, el acceso a la alimentación saludable y el aire limpio actúa preventivamente, reduciendo la carga de enfermedad y promoviendo hábitos de vida saludables. Un comedor popular atiende una necesidad alimentaria urgente, pero una red de huertas comunitarias, mercados de cercanía y educación alimentaria transforma esa necesidad en una oportunidad de empoderamiento y autonomía.

Esta diferencia no es meramente teórica. Tiene profundas implicaciones para el diseño de políticas públicas y la planificación urbana. Una ciudad que se piensa desde el paradigma del cuidado tiende a reaccionar ante el daño; una ciudad que se proyecta desde el paradigma del bienestar busca prevenir, sostener y acompañar antes de que ese daño ocurra.

El horizonte último de la acción urbana consiste, entonces, en propiciar una calidad de vida entendida como síntesis de cuidado y bienestar. Y el desafío contemporáneo apunta a crear ciudades donde el bienestar esté integrado al tejido mismo del territorio.

El bienestar como un derecho colectivo

Desde esta distinción conceptual entre cuidado y bienestar, es posible delinear un marco estratégico para la acción urbana que no se limite a responder a las carencias, sino que se proponga construir activamente las condiciones para una vida urbana plena. Este enfoque implica reorientar las políticas públicas desde una perspectiva sectorial y reactiva hacia una lógica integrada, preventiva y territorializada.

En primer lugar, hay que reconocer que el cuidado –aunque indispensable– es insuficiente sin un ecosistema que lo sostenga. Es decir, no basta con multiplicar los servicios de atención directa si las condiciones estructurales del territorio siguen generando fragmentación, aislamiento, exposición al riesgo o deterioro de la salud física y mental. Una estrategia urbana orientada al bienestar debe, por tanto, activar la proximidad en todo tiempo y lugar, y fomentar el policentrismo como dispositivo de integración, entendiendo que los servicios no solo deben estar disponibles, sino también ser accesibles, culturalmente pertinentes y territorialmente equilibrados.

En segundo lugar, es necesario que las ciudades adopten un enfoque interseccional e intersectorial. El bienestar no se construye únicamente desde la política de salud o desde el urbanismo, sino en la intersección entre vivienda, movilidad, trabajo, educación, espacios públicos, actividades culturales y vínculos sociales. Esto exige marcos de gobernanza más integrados, capaces de romper la compartimentación institucional y de pensar el territorio como unidad de intervención compleja, donde múltiples dimensiones de la vida confluyen y se entrelazan.

En tercer lugar, este enfoque estratégico exige una revisión profunda de los indicadores y metas de calidad de vida. No se trata solo de medir la presencia de equipamientos o la cobertura de servicios, sino de evaluar las condiciones reales de accesibilidad, de uso efectivo, de percepción de bienestar, de tiempo disponible, de capacidad de agencia. En este sentido, incorporar metodologías participativas, cartografías sensibles y datos de proximidad puede ofrecer una lectura más precisa y situada de las necesidades y los deseos urbanos.

Finalmente, esta estrategia requiere una transformación cultural: comprender que el bienestar no es un privilegio individual, sino un derecho colectivo, que se construye desde el territorio, pero también desde la corresponsabilidad social. Esa transformación se concreta en prácticas colaborativas, economías de cuidado, redes solidarias y formas de vida que valoren el tiempo compartido, el entorno habitable y la reciprocidad.

Del derecho a la ciudad al derecho a vivir en la ciudad

La noción de bienestar en el contexto urbano no puede entenderse simplemente como una acumulación de bienes o servicios disponibles en el territorio, ni tampoco como una categoría exclusivamente subjetiva o psicológica, sino como una experiencia territorial situada, marcada por el acceso al tiempo, al espacio, al reconocimiento y a la participación.

Es en este punto donde resulta necesario actualizar y expandir la noción de derecho a la ciudad, tal como fue formulada por Henri Lefebvre en 1968.[11]

Lefebvre reivindicaba el derecho a la ciudad frente a la fragmentación capitalista del espacio urbano: hacía un llamado a recuperar el uso del espacio frente a su mercantilización y a reconfigurar la ciudad como obra colectiva. Esta idea fue, y sigue siendo, radical y fecunda. Sin embargo, en el contexto actual es necesario ir más allá del derecho a la ciudad y avanzar hacia un derecho a *vivir bien* en la ciudad.

Este derecho al bienestar urbano no se limita a estar en la ciudad, ni siquiera a incidir en ella: supone el derecho a no enfermar por vivir en ella, a no perder tiempo en desplazamientos interminables, a no estar expuesto a la violencia, a no ser excluido por razones económicas, culturales o físicas. Supone también el derecho a caminar sin miedo, a respirar aire limpio, a tener espacios donde encontrarse, descansar, crecer y cuidarse sin obstáculos.

La ciudad contemporánea debe entonces dejar de ser un simple soporte de servicios o un campo de consumo acelerado, para convertirse en un entorno capaz de sostener la vida en toda su complejidad. Y, para ello, el bienestar debe ser reconocido como una dimensión política del derecho urbano: no como aspiración opcional, sino como fundamento de una ciudadanía plena.

Esta vía de pensamiento y acción, que he asumido con múltiples otros colegas a través del mundo,[12] supone releer el bienestar como criterio esencial de diseño, como principio de justicia espacial y temporal, y como indicador clave de democracia urbana y participativa, en lugar de entenderlo como un resultado final. No basta con que los habitantes tengan acceso a la ciudad: deben tener acceso a una buena vida en la ciudad. Y esto, inevitablemente, remite al modo en que se organizan los territorios, se distribuyen los recursos, se reconocen los tiempos de las personas y se valoran las interdependencias que sostienen la vida cotidiana.

Así, el bienestar urbano se configura como el horizonte ampliado del derecho a la ciudad: no solo un derecho a estar, sino a estar bien; no solo a ocupar, sino a florecer; no solo a apropiarse, sino a vivir con plenitud. Un derecho que debe guiar el diseño de las políticas, las infraestructuras, las escalas de proximidad y las nuevas formas de ciudadanía urbana.

Gobernar desde el bienestar: hacia una nueva gramática institucional

Si aceptamos que el bienestar es un derecho urbano fundamental, no basta con multiplicar programas sociales o extender servicios públicos de forma sectorial. Es necesario transformar la forma misma en que se gobierna la ciudad, incorporando una lógica centrada en la vida cotidiana, en las relaciones de interdependencia y en los territorios concretos donde el bienestar se experimenta o se niega.

Gobernar desde el bienestar supone ante todo reconocer que la calidad de vida no es una variable agregada, sino una experiencia situada y marcada por múltiples dimensiones –materiales, simbólicas, afectivas, temporales–. Por eso, este enfoque requiere una gobernanza relacional y territorializada, que no se limite a la gestión eficiente de recursos, sino que ponga en el centro la capacidad de las instituciones para sostener, acompañar y dignificar la vida de las personas.

Esta forma de gobernar exige superar la fragmentación institucional y sectorial, integrando políticas de salud, educación, transporte, cuidado, vivienda, cultura y medio ambiente. Implica también descentralizar capacidades, fortalecer la escala local –el barrio, el entorno próximo– como espacio legítimo de planificación y decisión, y consolidar mecanismos de corresponsabilidad entre niveles de gobierno y actores sociales. En este modelo, los gobiernos locales no solo ejecutan políticas nacionales, sino que coproducen el bienestar desde una lectura fina de las realidades territoriales, construyendo alianzas con comunidades, organizaciones y actores del cuidado.

Una gobernanza del bienestar debe también innovar en sus formas de conocimiento y evaluación: incorporar indicadores sensibles al contexto, recoger datos cualitativos, abrir espacios de deliberación sobre la experiencia vivida del territorio. La pregunta ya no es únicamente «¿cuántos servicios hay?», sino «¿qué condiciones hacen posible una vida digna aquí, para quienes aquí viven?».

El planeamiento urbano, tal como ha sido concebido históricamente, ha privilegiado la racionalidad funcional: ordenar el crecimiento, organizar el tránsito, ubicar infraestructuras, gestionar los usos del suelo. Sin embargo, pensar el bienestar como derecho obliga a una transformación epistemológica del urbanismo: ya no se trata solo de ordenar el espacio, sino de crear condiciones territoriales para una vida digna, equitativa y sostenible.

El territorio no es una superficie vacía o neutra, sino un tejido lleno de relaciones, de desigualdades, de memorias, de ausencias, de presencias, de zonas grises, de desatenciones y también de cuidados. Bajo nuestro enfoque, el urbanismo debe dejar de ser una tecnología del orden para convertirse en una estructura gramatical del vivir bien, una práctica política orientada a sostener la vida en todas sus formas y complejidades.

En esta lógica, la ciudad no se piensa como una máquina funcional dividida en zonas especializadas, sino como un mosaico vivo de centralidades múltiples, mixtura de usos, escalas humanas y entornos multifuncionales. El espacio público adquiere un valor central como lugar de encuentro, de descanso, de reconocimiento y de pertenencia. La vivienda deja de ser un alojamiento, un lugar para únicamente pernoctar, una mercancía más, un negocio que busca la rentabilidad económica, y se convierte en condición básica del bienestar, indispensable para ir más allá y realmente habitar la ciudad. Solo así, los tiempos de la ciudad se reorganizan para acompañar los ritmos de la cotidianidad, del trabajo, del aprendizaje, de la socialización y del ocio, en lugar de subordinarlos al imperativo de la productividad.

El planeamiento desde el bienestar debe, por tanto, poner a dialogar las dimensiones materiales del espacio con los deseos, miedos, capacidades, esperanzas y también sueños de quienes lo habitan. Únicamente así puede surgir un urbanismo que no solo acomode cuerpos, sino que acompañe vidas.

Lejos de simplemente mencionar el bienestar en las declaraciones de principios, es necesario que este enfoque se inscriba en los marcos jurídicos y presupuestales que rigen la vida urbana, que se integre de manera coherente y vinculante en las leyes, regulaciones e instrumentos que organizan el territorio.

Esto exige un doble movimiento. Por un lado, se requiere reconocer explícitamente el derecho al bienestar urbano en los textos normativos: constituciones locales, estatutos de autonomía, leyes urbanísticas, cartas ciudadanas. Este reconocimiento debe establecer obligaciones claras para los poderes públicos en cuanto a la garantía de condiciones mínimas de calidad de vida, accesibilidad, equidad territorial y sostenibilidad ambiental. Por otro lado, es necesario traducir ese derecho en mecanismos operativos, a través de normas concretas que definan estándares de proximidad, criterios de equidad espacial, incentivos para la planificación inclusiva y regulaciones que frenen la expulsión o exclusión de poblaciones vulnerables.

En el plano presupuestal, normar desde el bienestar implica adoptar criterios redistributivos en la asignación de recursos: priorizar los territorios más desfavorecidos, financiar la infraestructura social de proximidad, sostener políticas de cuidado comunitario, promover modelos económicos centrados en el valor social y ecológico de las actividades. También significa desarrollar instrumentos como los presupuestos participativos, que permitan a las comunidades incidir en el uso de los recursos públicos desde sus necesidades reales y sus proyectos de vida.

Finalmente, normar desde el bienestar requiere repensar los marcos de evaluación y control, incorporando indicadores que midan no solo outputs administrativos, sino resultados en términos de bienestar efectivo, percepción de equidad, confianza institucional y capacidad de agencia ciudadana.

Ciudadanía antes que ciudad

En agosto de 2018, el Grupo Urbano Medellín, en Colombia, publicó el libro #CiudadaníaAntesQueCiudad, editado y escrito por Sergio Roldán Gutiérrez y Luis Felipe Dávila Londoño, con múltiples colaboraciones, desarrollando este hilo conductor: «Antes de construir ciudades, se debe construir ciudadanía a partir del empoderamiento, la visualización y la unidad». Este libro abordó de manera contundente la importancia teórica y práctica de construir ciudadanía como un prerrequisito esencial para el desarrollo urbano sostenible. El éxito de ese concepto se apoyó en experiencias y reflexiones pioneras sobre la icónica transformación social y urbana de la ciudad que pasó de ser una de las más violentas del mundo a una de las más innovadoras, ganadora en 2016 del codiciado y famoso «Premio Nobel» de las ciudades, el Lee Kuan Yew World City Prize.[13] Sergio Roldán, portador permanente de este compromiso, afirmaba con razón que «cualquier decisión para tomar en una ciudad se debe fundamentar en la construcción de la base de ciudadanos, y a través de ello incidir en la política pública, no dejando de lado el diálogo para finalmente llevar a la acción las iniciativas».[14]

En efecto, el desarrollo de una gramática institucional –gobernanza relacional, planificación orientada al bienestar, marcos normativos que garanticen derechos– no puede sostenerse si no está enraizado en una ciudadanía activa, consciente, capaz de incidir, exigir y transformar. El bienestar urbano no puede ser simplemente administrado desde arriba: debe ser también construido desde abajo, desde los territorios donde se vive, se cuida, se resiste y se imagina la ciudad cada día.

La participación ciudadana no puede limitarse a la consulta o al acompañamiento simbólico de decisiones ya tomadas. Requiere abrir espacios reales de deliberación, de codiseño y, lo más difícil, de cierto poder compartido. Es decir, exige que las personas y comunidades se reconozcan no solo como destinatarias de políticas, sino como productoras de bienestar, como sujetos políticos con derecho a decir y a hacer.

Es en este punto donde la proximidad revela su potencia como fermento cívico y social.

La escala de lo próximo –el barrio, la calle, la plaza, el mercado, la escuela– no es solo funcionalmente útil: es también emocionalmente densa, políticamente viva. Es allí donde se entrecruzan trayectorias, memorias, necesidades y aspiraciones. Es allí donde se rompe el anonimato, donde lo común se vuelve tangible, donde la vida compartida produce conciencia y acción. En contextos donde la gobernanza está capturada por intereses particulares o alejada de las verdaderas urgencias sociales, esta proximidad vivida puede activar formas de empoderamiento colectivo y facilitar el acceso a la conciencia de estar juntos, a la posibilidad de ver al otro, de reconocerse en él, de actuar con él.

En un sistema que fragmenta, especializa y dispersa, la revalorización de lo próximo puede actuar como contrapoder simbólico y práctico, como punto de partida para formas de movilización transformadoras. Huertas comunitarias, asambleas barriales, presupuestos participativos, redes de cuidado mutuo, urbanismo ciudadano táctico, activaciones urbanas colaborativas: todas estas prácticas no solo producen bienestar en sentido directo, sino que construyen una capacidad ciudadana de imaginar, exigir y sostener otra ciudad.

Así, la participación deja de ser una técnica de gestión para convertirse en el derecho político de habitar un espacio común. Y, cuando se activa desde la proximidad, ese derecho se vuelve fuerza: rompe el aislamiento, desmonta la sensación de impotencia, articula demandas que antes eran fragmentarias en una visión más amplia y estructural.

Podemos entonces afirmar que la proximidad es también una escuela de ciudadanía. No solo acerca servicios: acerca luchas, experiencias, esperanzas. Y, al hacerlo, se convierte en base material y simbólica para una movilización transformadora, capaz de disputar el sentido de la ciudad, de proponer alternativas, de reconfigurar el poder. No se trata únicamente de estar más cerca: se trata de actuar más juntos, y de hacerlo desde un lugar central en la vida de las personas.

En este sentido, cuando las instituciones no garantizan el bienestar, cuando el pacto social urbano se erosiona, la proximidad puede convertirse en detonante de una toma de conciencia colectiva: una fuerza emergente, creadora, articuladora, que reescribe desde abajo los contornos del «derecho a la vida en la ciudad». Y esa fuerza, si encuentra canales, si encuentra legitimidad, si encuentra horizonte, se convierte en motor real de transformación urbana.

Un techo y cuatro paredes no hacen ciudad

Esta relectura del bienestar urbano como derecho –sostenida por la proximidad, la participación y la acción colectiva– nos conduce inevitablemente a revisar las nociones fundamentales del urbanismo contemporáneo, y, entre ellas, una en particular que requiere ser repensada con urgencia: el derecho al alojamiento. Durante décadas, este derecho ha sido formulado en términos de acceso a la vivienda, a un techo que garantice abrigo, seguridad física y privacidad. Sin embargo, alojarse no es necesariamente habitar.

Se puede estar alojado –tener cuatro paredes, un número de metros cuadrados reglamentarios, incluso cierto confort interior– y, sin embargo, vivir en el aislamiento, el encierro, la desconexión social. Se puede alojar sin encontrarse con el otro, sin cruzar miradas, sin compartir espacios o construir vínculos. Se puede estar alojado en la ciudad y, al mismo tiempo, no formar parte de ella. Esta es la paradoja de muchos desarrollos urbanos actuales: resuelven el alojamiento, pero no habilitan el habitar.

Habitar, en cambio, es una experiencia radicalmente distinta que va más allá de simplemente contar con un espacio físico donde dormir. Habitar es construir relaciones, intercambiar afectos, desarrollar proyectos comunes –sean estables o efímeros–, formar parte de una trama social y simbólica, donde la calidad de vida y el bienestar no dependan del encierro privado, sino de la riqueza del espacio compartido. Es vivir con otros, no simplemente al lado de otros.

Reivindicar el derecho a habitar es, en definitiva, reconocer al ciudadano como partícipe de una vida común. Desde esta exigencia, la proximidad se articula como principio fundamental para la construcción de una ciudad verdaderamente vivible, democrática y solidaria.

3. Alojamiento asequible, calidad de vida y desafíos

A nivel global, cerca del 20 % de la población mundial –alrededor de 1.600 millones de personas– vive en alojamientos precarios, según el informe *World Cities Report 2022* de ONU-Hábitat.[15] Esta cifra incluye desde viviendas informales sin acceso a servicios básicos hasta aquellas en condiciones de hacinamiento extremo o inseguridad jurídica. A pesar de los avances tecnológicos y del crecimiento económico global, el acceso a un alojamiento digno sigue siendo un privilegio en lugar de un derecho garantizado, y aún está lejos de convertirse en una realidad para millones de personas.

Las ciudades iberoamericanas comparten una paradoja profunda: son motores de crecimiento económico, innovación y dinamismo cultural, pero también escenarios de profundas desigualdades habitacionales. Esta tensión entre riqueza urbana y precariedad del habitar revela la crisis estructural del modelo de acceso a la vivienda.

Esta realidad se agudiza en América Latina, la región más urbanizada del mundo en proporción al número de habitantes: más del 80 % de su población vive en ciudades, pero, según el informe de la CEPAL de 2024,[16] una gran parte lo hace en condiciones de exclusión habitacional. Este informe aborda los desafíos relacionados con la urbanización en América Latina y el Caribe, incluyendo los déficits habitacionales cuantitativos y cualitativos, la exclusión social y los problemas de acceso a servicios básicos. A pesar de vivir en áreas mayoritariamente urbanas, una proporción significativa de la población enfrenta condiciones precarias. En realidad, desde la década de 1970, las ciudades latinoamericanas han experimentado un crecimiento urbano acelerado, muchas veces sin planificación ni políticas públicas que aseguren una urbanización inclusiva.

En Europa, aunque los indicadores de informalidad son menores, la crisis se manifiesta con fuerza en los sectores populares y en las grandes ciudades. En España y Portugal, el acceso al alquiler se ha vuelto una carrera de obstáculos: en Barcelona, por ejemplo, el precio medio del alquiler supera el 40 % del ingreso medio de los hogares jóvenes, según el informe *Observatorio de Emancipación: primer semestre de 2024*, del Consejo de la Juventud de España,[17] con la consecuente dificultad para emanciparse. En Lisboa, la conversión masiva de viviendas en alquileres turísticos (como los gestionados por Airbnb) y la especulación han expulsado a miles de residentes históricos de sus barrios emblemáticos, como Alfama, Chiado, Barrio Alto, provocando una crisis habitacional que afecta la vida comunitaria y el carácter local de la ciudad.[18] Incluso en ciudades con tradición de vivienda pública –como Viena– se observan presiones del mercado financiero sobre el parque de vivienda asequible.[19]

En ambos continentes, el fenómeno de la *financiarización* de la vivienda[20] –es decir, el tratamiento de la vivienda como activo financiero antes que como derecho– ha contribuido al aumento sostenido de los precios, a la concentración de propiedad en fondos de inversión y a la vulnerabilidad de inquilinos en mercados sin protección suficiente, afectando negativamente la calidad de vida y generando desigualdades socioeconómicas.

A estas dinámicas se suma el impacto creciente del cambio climático, las crisis migratorias y los efectos de la pandemia de COVID-19, que pusieron en evidencia la fragilidad de los sistemas habitacionales urbanos. El confinamiento en espacios insalubres, sin acceso a agua potable o conectividad, afectó de forma desproporcionada a los sectores populares.

Pero también existen contrastes esperanzadores. Algunos países en los dos lados del Atlántico han implementado políticas públicas innovadoras: el modelo cooperativo de Montevideo,[21] la recuperación de vivienda vacía en Barcelona,[22] el plan de alquiler asequible en Portugal[23] o las regulaciones de Berlín[24] para frenar la subida de precios. Estas experiencias muestran que es posible intervenir el mercado, promover el acceso justo y recuperar la función social de la vivienda.

América del Sur: desigualdades estructurales persistentes

En América Latina, la situación es particularmente crítica. De acuerdo con la CEPAL,[25] más de 100 millones de personas viven en asentamientos informales, lo que representa alrededor del 23 % de la población urbana de la región. Aunque esta cifra representa una mejora en términos relativos respecto al 40 % de urbanización informal que existía en los años 1980, el crecimiento de las periferias urbanas y la consolidación de la desigualdad urbana siguen marcando el paisaje. Indudablemente se han registrado avances en acceso a agua y electricidad, pero los déficits habitacionales continúan siendo elevados: un 34 % de los hogares urbanos presenta carencias habitacionales, ya sea por calidad, hacinamiento o falta de acceso formal al suelo.

En Brasil, el programa Minha Casa, Minha Vida construyó más de 5 millones de unidades habitacionales entre 2009 y 2020, pero, según el IPEA (Instituto de Pesquisa Econômica Aplicada),[26] más del 60 % de estos proyectos están ubicados en periferias con bajo acceso a servicios y transporte. En São Paulo, el censo de 2022 contabilizó 1,3 millones de personas viviendo en favelas, muchas de ellas sin acceso legal a la tenencia del suelo.

En Argentina, el Registro Nacional de Barrios Populares (RENABAP) identificó más de 4.500 barrios populares en todo el país. El 43 % de los hogares en estos barrios no accede formalmente a servicios básicos como agua potable, electricidad o cloacas, según datos de la Secretaría de Integración Socio Urbana (2022).[27]

En Chile, el déficit habitacional supera las 600.000 viviendas según el Ministerio de Vivienda (MINVU, 2023),[28] y se estima que más de 110.000 familias viven en campamentos (TECHO-Chile, 2022).[29]

A pesar del éxito histórico del modelo de subsidios, su enfoque individual y desconectado del tejido urbano ha sido ampliamente cuestionado.[30]

En Uruguay, el sistema de cooperativas por ayuda mutua, articulado desde la Federación Uruguaya de Cooperativas de Vivienda por Ayuda Mutua (FUCVAM),[31] ha permitido la construcción de más de 25.000 viviendas en las últimas décadas. El modelo promueve la autogestión colectiva, la integración barrial y la participación comunitaria, siendo reconocido por ONU-Hábitat[32] como un ejemplo de innovación social en vivienda.

En Colombia, el déficit habitacional cuantitativo y cualitativo combinados afecta al 34 % de los hogares urbanos, según el informe del DANE de 2022.[33] El crecimiento de ciudades como Bogotá, Medellín y Cali ha estado marcado por la expansión informal y la segregación socioespacial.[34] Aunque programas como Casa Digna, Vida Digna[35] han buscado revertir esta tendencia a través de intervenciones en barrios vulnerables y mejoramiento de vivienda, las brechas regionales y la desconexión territorial persisten. Más recientemente, incluyendo en el «gobierno del cambio», el fracaso del programa Mi Casa Ya[36] –planteado como principal política de acceso a la propiedad para sectores medios y bajos– ha evidenciado las limitaciones estructurales de seguir abordando la vivienda desde una lógica de subsidio a la demanda y producción dispersa, sin una visión articulada de ciudad, planificación o sostenibilidad urbana. El informe publicado en *Bloomberg Línea* en enero de 2025, «¿Por qué no habrá subsidio de Mi Casa Ya en 2025?»,[37] detalla las razones detrás del fracaso y la suspensión de este programa, incluyendo la falta de liquidez estatal y problemas en su diseño para abordar las necesidades habitacionales actuales.

La ausencia de criterios de localización, movilidad, equidad territorial, participación comunitaria, innovación en el modelo económico y financiero, demuestra cuán lejos está este tipo de programa de un urbanismo del siglo XXI.

Centroamérica y México: fragmentación y vulnerabilidad

En México, entre 2000 y 2018 se construyeron más de 7 millones de viviendas sociales, pero un estudio del Colegio de México[38] en 2020 y el Censo de Población y Vivienda[39] del mismo año estiman que más de 650.000 viviendas fueron abandonadas, muchas por su localización periférica o falta de servicios. El último informe de ONU-Hábitat México[40] en 2023 advierte que el 40 % de la vivienda en el país no cumple con los estándares mínimos de habitabilidad.

En Guatemala, según el informe de ONU-Hábitat de 2023,[41] el déficit habitacional total asciende al 60 %, incluyendo tanto la falta de viviendas como las condiciones precarias de las existentes. Los estudios de la Fundación AVINA en 2024 y de la Organización Mundial de la Salud (OMS) en 2022 evocan el acceso al agua potable en zonas urbanas llegando al 76 % de la población y en áreas rurales apenas superando el 45 %.[42]

En Honduras, TECHO y la Red de Vivienda reportan que más de un millón de personas viven en asentamientos informales, muchas veces ubicados en zonas de alto riesgo.[43] El huracán Eta en 2020 agravó la situación, desplazando a más de 100.000 personas solo en la región de San Pedro Sula.[44]

En Costa Rica, según el informe del Ministerio de Vivienda y Asentamientos Humanos[45] (MIVAH) de 2023, a pesar de avances en infraestructura básica, el déficit habitacional afecta a 165.000 familias, especialmente migrantes y mujeres jefas de hogar. Solo el 5 % del parque habitacional está destinado a vivienda social.[46] El estudio en 2024 de Global Property[47] pasa en revista los desafíos del mercado inmobiliario en Costa Rica, que conciernen la limitada oferta de vivienda social y las dificultades para atender las necesidades del déficit habitacional.

En Panamá, el 2022 marcó un nuevo récord de déficit habitacional: más de 200.000 familias, en su mayoría ubicadas en barriadas periféricas, no tienen acceso regular a servicios, como lo confirma el BID[48] en 2021 y un reciente estudio de la Universidad de Panamá[49] publicado en 2024. El informe de Oxford Business Group[50] de 2022 explica cómo el crecimiento de megaproyectos ha reforzado la segregación entre áreas de lujo y barrios excluidos.

Todos estos datos en el conjunto del continente muestran que el problema del alojamiento en América Latina no es solo cuantitativo, sino cualitativo, espacial y político. La informalidad urbana, el desarraigo y la fragmentación territorial son efectos de décadas de modelos urbanos centrados en la expansión, el mercado y la desregulación.

Península ibérica: acceso desigual en ciudades tensionadas

Aunque Europa ha logrado niveles elevados de acceso a servicios básicos y vivienda formal, la crisis de acceso a la vivienda se ha intensificado en las últimas dos décadas, especialmente en el sur del continente. En la península ibérica, los efectos combinados de la *financiarización*, la *turistificación* y la escasez de vivienda social han generado un panorama de fuerte presión urbana.

España: entre burbuja, desahucios y turistificación

El caso español es emblemático. Entre 1997 y 2008, el país vivió un boom inmobiliario impulsado por la desregulación del suelo y la expansión del crédito. Al estallar la burbuja, se produjeron más de 700.000 ejecuciones hipotecarias entre 2008 y 2019, según el informe del Consejo General del Poder Judicial de 2020.[51] Simultáneamente, más de 3 millones de viviendas quedaron vacías, muchas en manos de entidades financieras o fondos de inversión conocidos como «fondos buitres».[52] El informe del Banco de España de 2024[53] aborda este problema estructural del parque inmobiliario vacío en España, proponiendo medidas para su reutilización en el mercado social.

Actualmente, el precio del alquiler ha aumentado un 41 % en la última década, mientras que los ingresos apenas crecieron un 5 %, según el informe del Ministerio de Vivienda de 2024.[54] En ciudades como Barcelona o Madrid,[55] los precios superan el 35 % del ingreso medio disponible para muchos hogares jóvenes, superando el umbral de sobrecarga definido por la UE.

La vivienda social representa solo el 2,5 % del parque total, frente al 30 % en Países Bajos o el 23 % en Viena, de acuerdo con el informe de la FEANTSA de 2022[56] y del Housing Europe Observatory de 2023.[57] Aunque se han aprobado nuevas leyes de vivienda –como la Ley por el Derecho a la Vivienda de 2023–, la implementación efectiva aún enfrenta resistencia por parte de gobiernos autonómicos y operadores inmobiliarios.

El informe de 2023 del Eurofound[58] aborda los problemas de asequibilidad e insuficiencia de vivienda en Europa, destacando las disparidades en el parque de vivienda social entre los estados miembros.

Portugal: gentrificación y expulsión residencial

Portugal ha vivido un proceso similar, pero con una aceleración más reciente. Desde 2011, tras la crisis económica, el país atrajo inversión extranjera en inmuebles mediante programas como el Golden Visa[59] y beneficios fiscales para residentes no habituales.[60] Esto llevó a una explosión del mercado turístico y de alquileres de corta duración,[61] siendo el primero Airbnb, especialmente en Lisboa y Oporto.[62]

Entre 2015 y 2022, el precio medio del alquiler en Lisboa aumentó más del 70 %, mientras que los salarios apenas crecieron un 10 %, según el Instituto Nacional de Estadística (INE) de Portugal.[63] En los barrios históricos, como Alfama,[64] miles de familias fueron desplazadas ante la presión de los nuevos usos turísticos y la falta de alternativas de alquiler asequible.

La vivienda pública o de alquiler social representa menos del 2 % del parque habitacional nacional entre los más bajos de los países de la OCDE, según su informe de 2023.[65] En respuesta, el Gobierno lanzó en 2023 el programa Mais Habitação,[66] que incluye medidas como la limitación de nuevas licencias de alojamiento turístico en zonas tensionadas, la movilización de vivienda vacía y el fomento del alquiler protegido.[67]

Este enfoque comparado permite visibilizar una convergencia de crisis habitacionales a ambos lados del Atlántico: en América Latina, la informalidad estructural y la precariedad urbana; en la península ibérica, la expulsión residencial y la *financiarización* del hábitat. En ambos casos, el acceso a un alojamiento digno está condicionado por lógicas de mercado y modelos urbanos excluyentes.

Modelos económicos de vivienda: el espejismo de la propiedad

Durante décadas, buena parte de las políticas habitacionales tanto en América Latina como en la península ibérica se estructuraron en torno al fomento de la propiedad privada como principal vía de acceso a la vivienda. Esta orientación respondió tanto

57

a razones culturales –la propiedad como símbolo de progreso y estabilidad– como a intereses económicos vinculados al sector inmobiliario y financiero.

El ciclo del endeudamiento y la exclusión

Durante las últimas décadas, buena parte de las políticas habitacionales en América Latina y en países del sur de Europa se ha estructurado en torno a la propiedad privada como horizonte de acceso y seguridad. Se ha construido una narrativa hegemónica que presenta la vivienda propia como símbolo de progreso, estabilidad y dignidad. Sin embargo, múltiples estudios, incluyendo algunos muy recientes,[68] muestran cómo esta aspiración aparentemente justa ha estado acompañada de mecanismos económicos y urbanísticos que reproducen desigualdades estructurales, generan dependencia financiera y territorial, y muchas veces, lejos de mejorar la calidad de vida, terminan precarizándola.

El acceso a la propiedad se ha viabilizado, en gran parte, a través de créditos hipotecarios de largo plazo, frecuentemente otorgados por organismos estatales o en alianza con el sector financiero. Estos créditos han sido acompañados de programas de subsidios directos a la demanda, con el objetivo de hacer «accesible» la vivienda para sectores de ingresos medios o bajos. Sin embargo, en la práctica, estos subsidios terminan beneficiando principalmente a las promotoras y constructoras privadas, que acceden a fondos públicos para ejecutar grandes proyectos estandarizados, a menudo desconectados de la trama urbana consolidada y sin planificación territorial integrada.

Las familias, por su parte, acceden a una vivienda de bajo costo, pero lo hacen a costa de un endeudamiento prolongado y de ser reubicadas en zonas periféricas, donde los servicios son escasos, las oportunidades laborales distantes y el transporte público insuficiente o inexistente. Esta relocalización forzada genera una serie de efectos adversos: aumento de los tiempos y costos de desplazamiento, aislamiento social, pérdida de redes comunitarias e, incluso, en muchos casos, un deterioro de la salud física y mental. Además, estas viviendas, construidas con estándares mínimos, frecuentemente requieren mejoras posteriores que no están contempladas en el presupuesto familiar.

El resultado es un ciclo perverso en el que los hogares, especialmente los más vulnerables, quedan atrapados entre el endeudamiento financiero y la precariedad urbana. Las cuotas hipotecarias, si bien subsidiadas, no siempre se corresponden con los ingresos reales de las familias, que pueden sufrir interrupciones laborales, inflación o gastos imprevistos. En esos casos, el impago puede llevar a la ejecución de la vivienda y a la pérdida de todo lo invertido, sin contar el impacto emocional y psicológico de esa experiencia.

Lejos de representar una solución definitiva, la vivienda en propiedad, tal como ha sido promovida, se convierte en una trampa estructural. Un espejismo que ofrece seguridad pero que, en la práctica, impone nuevas formas de dependencia: del mercado financiero, del automóvil privado, de servicios públicos que nunca llegan y de una lógica de movilidad forzada que contradice el principio de habitar con dignidad.

Esta situación no solo afecta a quienes se endeudan para acceder a una vivienda, sino también al conjunto de la ciudad, que se ve fragmentada, extendida y desgarrada. Se multiplican los conjuntos habitacionales sin vida urbana, las «ciudades dormitorio», las periferias sin centralidad. Se produce una ciudad dispersa, costosa, contaminante y profundamente desigual, cuya sostenibilidad física y social está comprometida.

En este contexto, es urgente cuestionar sin tapujos el modelo dominante de acceso a la vivienda, y preguntarnos si realmente garantiza el derecho a habitar plenamente la ciudad. Porque tener un título de propiedad no implica necesariamente tener un lugar digno para vivir.

Subsidios regresivos y transferencia de riqueza pública al mercado

El financiamiento estatal de la vivienda, cuando se ha orientado al subsidio a la demanda en lugar de a la producción pública o cooperativa, ha tenido efectos contradictorios. Aunque en apariencia busca facilitar el acceso de los sectores populares a una vivienda «formal», en la práctica ha operado como un poderoso mecanismo de transferencia de recursos públicos al mercado inmobiliario privado, consolidando una alianza estructural entre el Estado, el sector financiero y los grandes desarrolladores.

Esta lógica ha sido dominante en muchos países de América Latina, donde el Estado no construye vivienda, y subsidia su compra a través de bonos, vales o créditos complementarios. Los hogares reciben así un aporte directo del Estado, pero condicionado a la adquisición de una vivienda ofrecida por el mercado. Esto, en teoría, estimula la «libertad de elección», pero en realidad limita las opciones disponibles a lo que las inmobiliarias estén dispuestas a construir bajo los márgenes del subsidio. Y lo que construyen, en la mayoría de los casos, son proyectos en la periferia, de baja calidad, sin servicios urbanos ni infraestructura adecuada.

Lejos de ampliar el derecho a la vida en la ciudad, estos subsidios consolidan un modelo de expansión urbana desregulada, en el que el promotor privado maximiza su ganancia reduciendo costos de suelo y construcción, mientras el Estado financia gran parte del proceso y las familias asumen el riesgo final de vivir en condiciones precarias. Se trata de una especie de privatización del urbanismo popular, donde la vivienda social ya no es una política pública integral, sino una externalización de responsabilidades públicas hacia el mercado.

En este proceso, los recursos del Estado no se invierten en la creación de bienes comunes ni en el fortalecimiento del parque de vivienda pública, sino en alimentar el circuito de rentabilidad del sector inmobiliario. Los datos son elocuentes: en países como Chile, más del 90 % de los subsidios habitacionales terminan en manos de empresas constructoras privadas.[69] En México, durante las décadas de auge de INFONAVIT y FOVISSSTE, los grandes desarrolladores llegaron a construir cientos de miles de viviendas anuales con fondos garantizados, pero sin responsabilidad alguna sobre la calidad urbana o el mantenimiento posterior.[70] El resultado fue la proliferación de fraccionamientos insostenibles, muchos de los cuales han sido abandonados.[71] Esto llevó al Gobierno de México a proponer la reforma en materia de vivienda con orientación social presentada en Ciudad de México a la Cámara de Diputados en 2025.

De la misma manera, el modelo colombiano ha favorecido la participación privada en la construcción y distribución de vivienda de interés social (VIS), papel que hemos abiertamente cuestionado por su predominio, la fuerte dependencia generada y su impacto en términos de pérdida de calidad urbana e inclusión social, al no garantizar estándares urbanos adecuados. En efecto, las políticas públicas no han incidido suficientemente en la obligación de una real calidad habitacional, dejando a las constructoras privadas como principales responsables del diseño y ejecución de proyectos VIS. Múltiples publicaciones señalan cómo los subsidios gubernamentales se han enfocado en facilitar la compra y construcción a través del sector privado.[72]

A esto se suma un problema aún más estructural: el subsidio a la propiedad no cuestiona el valor del suelo, sino que lo reproduce y lo incrementa. Al subsidiar la demanda sin intervenir el mercado del suelo, el Estado termina inflando los precios del suelo urbano, expulsando a los sectores populares a zonas cada vez más lejanas, y reforzando la lógica especulativa. En lugar de regular el mercado, lo financia.

62

Este modelo también invisibiliza las necesidades de quienes no pueden acceder a una hipoteca o no desean endeudarse: jóvenes, personas mayores, mujeres jefas de hogar, migrantes, inquilinos informales, trabajadores temporales. El subsidio centrado en la compra ignora el derecho a habitar sin necesidad de ser propietario, y excluye cualquier alternativa de vivienda colectiva, en alquiler o bajo otras formas de tenencia.

Paradójicamente con dinero público, los programas de subsidio a la demanda han consolidado un paradigma de vivienda como mercancía, donde el acceso no está garantizado por la ciudadanía, sino por la capacidad de endeudamiento. La política pública se convierte así en herramienta de negocio, más que en instrumento de equidad. Y, mientras se multiplican las unidades construidas, se erosiona la idea misma de vivienda como derecho y como bien común.

La propiedad como trampa: el espejismo del progreso

Durante décadas, la idea de «tener casa propia» ha operado como un imaginario poderoso en América Latina y el sur de Europa. Asociada a valores como estabilidad, seguridad, respeto y movilidad social ascendente, la vivienda en propiedad fue promovida por los estados como símbolo de ciudadanía plena y progreso familiar. Pero, cuando esta promesa se articula con las lógicas del mercado, el crédito y la especulación inmobiliaria, muchas veces se convierte en una trampa estructural para millones de personas.

Un informe[73] del Banco de Desarrollo de América Latina, CAF, de 2024 analiza cómo las políticas habitacionales en América Latina han estado centradas en la propiedad privada, reforzando este imaginario, pero también perpetuando desigualdades estructurales. En lugar de garantizar autonomía y seguridad, la propiedad se vuelve una carga económica, física y emocional. Para acceder a ella, muchas familias deben comprometer sus ingresos futuros durante veinte o treinta años, aceptar vivir lejos de sus redes familiares y laborales, en zonas sin transporte, sin salud, sin escuelas, sin espacio público. Lo que se presenta como una conquista termina siendo una renuncia forzada a la ciudad.

En estos entornos periféricos, la vivienda se transforma en un refugio cerrado, desvinculado de todo lo que hace que vivir en la ciudad tenga sentido. Se pierde el acceso cotidiano a oportunidades, a servicios, al encuentro. Y lo que parecía progreso revela su rostro más crudo: tiempo perdido en traslados, gastos acumulados en transporte, aislamiento social, deterioro de la salud y aumento del estrés urbano.

Además, la propiedad no asegura habitabilidad. Muchas de las viviendas sociales en propiedad, construidas bajo modelos subsidiados o por iniciativa privada, presentan graves problemas constructivos: filtraciones, sobrecalentamiento, falta de ventilación, hacinamiento, escasa durabilidad. Al no haber regulaciones exigentes ni seguimiento técnico posterior, el peso del mantenimiento recae sobre familias que ya están al límite de su capacidad económica. Y, si necesitan mudarse por razones laborales, familiares o de salud, muchas veces no pueden vender ni alquilar su vivienda, ya sea porque está en zonas sin demanda o porque su valor se ha depreciado.

En muchos casos, la vivienda en propiedad se convierte en un ancla más que en una base de despegue. Inmoviliza, restringe, expone. La estabilidad que prometía se vuelve fragilidad. Si se pierde el empleo, se pone en riesgo la casa; si hay una emergencia familiar, no hay cómo responder; si se quiere cambiar de ciudad o de barrio, no hay salida posible sin pérdida económica. La supuesta autonomía se convierte en dependencia.

Este modelo también genera efectos urbanos perversos: barrios enteros sin vida, sin comercio, sin servicios; viviendas cerradas o abandonadas; una ciudad de fragmentos sin continuidad ni identidad. Se produce una disolución del tejido urbano y social, donde cada familia queda librada a su suerte, y el espacio público desaparece como ámbito de lo común.

Es por esta razón que la propiedad deja de ser, cada vez más, garantía de inclusión y bienestar. Cuando está desconectada de un proyecto de ciudad, de redes de cuidado, de centralidades urbanas, de servicios públicos y comunidad, ya no es un derecho y se convierte en una carga. En vez de empoderar, aísla. En vez de liberar, atrapa.

En este escenario, se vuelve urgente ampliar el debate sobre otras formas de tenencia, de uso y de convivencia. La ciudad para la vida no puede restringirse a una forma de alojamiento regulada por intereses particulares. Hay que recuperar la diversidad de opciones, desde el alquiler asequible hasta las cooperativas, desde la vivienda pública hasta los modelos de cesión de uso, desde el derecho a permanecer hasta el derecho a elegir.

Porque, al final, vivir bien no es solo tener un título de propiedad. Es habitar con dignidad, con tiempo, con acceso, con vínculos. Es poder quedarse, poder moverse, poder decidir.

Calidad, no solo cantidad: qué significa una vivienda adecuada

Durante décadas, las políticas públicas de vivienda en América Latina y el sur de Europa han medido su éxito por el número de unidades construidas o entregadas. Esta obsesión por la cantidad –por cumplir metas cuantitativas que lucen bien en informes o inauguraciones oficiales– ha ocultado una pregunta fundamental: ¿qué entendemos realmente por vivienda adecuada?

El enfoque tradicional ha reducido la vivienda a una unidad habitacional mínima: una estructura con techo, paredes y servicios básicos. Pero esta visión técnica y funcionalista ignora las condiciones sociales, ambientales, espaciales, temporales y relacionales del habitar. No basta con construir más viviendas si estas están mal ubicadas, si no permiten el descanso, si devoran nuestro tiempo cotidiano, el encuentro o el acceso a lo común.

ONU-Hábitat define[74] la vivienda adecuada como aquella que garantiza seguridad de tenencia, disponibilidad de servicios, asequibilidad, habitabilidad, accesibilidad, localización adecuada y adecuación cultural. Estos elementos están alineados con el derecho humano a un nivel de vida adecuado reconocido en instrumentos internacionales como la Declaración Universal de los Derechos Humanos y el Pacto Internacional de Derechos Económicos, Sociales y Culturales. La Oficina del Alto Comisionado de las Naciones Unidas para los Derechos Humanos, en su informe en 2020, también detalla estos siete elementos[75] como requisitos mínimos para que una vivienda sea considerada adecuada, destacando su importancia para garantizar seguridad, dignidad y acceso equitativo a recursos básicos. Sin embargo, en la práctica, muy pocas políticas públicas toman en cuenta todas estas dimensiones de forma integral.

Así, una vivienda no es adecuada si está ubicada en una ladera inestable o a dos horas del trabajo. No es adecuada si se inunda con cada lluvia o si sufre sobrecalentamiento constante. No es adecuada si no hay transporte público cercano, si las escuelas están a kilómetros, si el centro de salud más próximo queda a tres buses de distancia. Tampoco es adecuada si aísla, si invisibiliza el cuidado, si no permite envejecer dignamente o criar sin miedo.

La calidad de la vivienda debe entenderse como parte inseparable de la calidad del entorno urbano. No se puede evaluar una casa sin evaluar el barrio, la calle, el acceso, el espacio público, la seguridad, la proximidad. Una vivienda digna es aquella que permite habitar plenamente la ciudad, no solo sobrevivir en ella. Esto implica repensar la escala del diseño, el rol del suelo, la infraestructura de servicios y, sobre todo, el tiempo cotidiano de las personas.

La calidad también tiene una dimensión sensorial y emocional: ventilación, iluminación natural, confort térmico, materiales saludables, aislamiento del ruido, espacios de encuentro. Son aspectos que no siempre figuran en los manuales técnicos, pero que definen la salud física y mental de quienes habitan esos espacios.

Además, la vivienda no puede desvincularse de los ciclos vitales y los cambios familiares. Debe ser flexible, adaptable, preparada para envejecer, para crecer, para acoger, para cuidar. Una madre con tres hijos, una persona mayor que vive sola, un hogar multigeneracional o una pareja migrante no tienen las mismas necesidades y, sin embargo, siguen recibiendo las mismas soluciones estándar.

En este sentido, la calidad habitacional no puede separarse de la equidad. Ofrecer viviendas dignas a algunos y mínimas a otros refuerza la desigualdad urbana. Garantizar calidad para todos es un acto de justicia espacial. Es también un acto de salud pública, ya que las condiciones de vivienda impactan directamente en las tasas de enfermedades respiratorias, salud mental, movilidad y bienestar general.

Hablar de calidad es también hablar de cuidado: del cuerpo, del tiempo, del entorno, del otro. Una vivienda adecuada es aquella que permite cuidar y ser cuidado. Es la que sostiene la vida cotidiana en todas sus dimensiones.

Por eso, en lugar de preguntarnos cuántas viviendas se construyen, deberíamos preguntarnos cómo, dónde, para quién, con qué materiales, con qué participación, con qué visión de ciudad. Solo así podremos avanzar hacia políticas habitacionales que dejen atrás el paradigma de la producción masiva, para centrarse en el derecho a habitar con dignidad, salud y sentido.

Nuevas formas de habitar: alternativas e innovaciones urbanas

Frente a la crisis del modelo dominante de vivienda –basado en la propiedad individual, el endeudamiento y la dispersión territorial–, han surgido, desde distintos territorios y escalas, formas alternativas de habitar. Algunas nacen desde abajo, impulsadas por movimientos sociales, cooperativas o redes de vecinos. Otras son promovidas desde gobiernos locales o instituciones públicas que se atreven a desafiar la lógica del mercado. Todas comparten una premisa fundamental: el derecho a vivir bien no se agota en la tenencia de una propiedad, sino que se construye en comunidad, con acceso, con sentido, con cercanía.

En América Latina, uno de los referentes más sólidos es el modelo de cooperativas de vivienda por ayuda mutua en Uruguay, organizado desde hace décadas por la Federación Uruguaya de Cooperativas de Vivienda por Ayuda Mutua (FUCVAM). Su página oficial[76] detalla su historia desde su fundación en 1970, sus principios fundamentales y el impacto social del modelo, que ha beneficiado a más de 35.000 familias en Uruguay. Se trata de comunidades que, en lugar de comprar una vivienda individual, construyen colectivamente un conjunto habitacional, donde todos los miembros trabajan y deciden en común. No hay propiedad privada sobre las unidades, sino uso colectivo en base al principio de «una persona, una vivienda». La gestión es democrática, el suelo se mantiene fuera del mercado y la comunidad se convierte en parte activa del proceso urbano.

Este modelo ha demostrado ser no solo viable, sino profundamente resiliente: miles de familias han accedido a viviendas bien ubicadas, de calidad, con espacios comunes, redes de apoyo y autogestión cotidiana. Además, han logrado insertarse en zonas consolidadas, generando integración urbana y evitando el aislamiento que caracteriza a muchas políticas tradicionales de vivienda.

En Argentina, algunas provincias y municipios han promovido formas similares a través de cooperativas de autoconstrucción,[77] iniciativas de urbanización participativa de villas[78] y bancos de tierras públicos.[79] La Ley de Acceso Justo al Hábitat,[80] en la provincia de Buenos Aires, por ejemplo, reconoce la función social del suelo y habilita herramientas como el fideicomiso social o la integración socio-urbana.

En México, el modelo de «vivienda en cesión de uso» ha comenzado a ganar fuerza, especialmente en zonas rurales, indígenas o periurbanas donde el acceso al suelo es comunitario. Este enfoque consiste en asignar el derecho a habitar una vivienda sin transferir la propiedad individual, manteniendo el suelo en manos colectivas o comunales, lo que permite garantizar acceso a la vivienda sin caer en la lógica especulativa del mercado. En Oaxaca y Chiapas, comunidades indígenas han desarrollado proyectos que combinan saberes constructivos locales, arquitectura bioclimática y gobernanza comunal. La Comisión Nacional de Vivienda (CONAVI) detalla[81] en 2024 cómo los programas de vivienda asistida han integrado materiales locales y sistemas constructivos tradicionales para respetar las culturas indígenas, promoviendo autosuficiencia y adecuación cultural en las viviendas. ONU-Hábitat destaca en su informe *Vivienda y ODS en México*, de 2023, cómo los proyectos habitacionales periurbanos y rurales han comenzado a incorporar enfoques sostenibles y comunitarios, adaptándose a las necesidades específicas de grupos indígenas. Estas experiencias[82] no solo preservan la identidad territorial, sino que ofrecen soluciones sostenibles adaptadas a la realidad cultural y ambiental del lugar.

En Europa, ciudades como Barcelona, Viena o Zúrich han impulsado activamente el acceso a la vivienda a través de cooperativas de cesión de uso,[83] vivienda pública en alquiler social[84] y modelos de cohabitación intergeneracional.[85] En el barrio de Sants, en Barcelona, el proyecto La Borda[86] se ha convertido en un símbolo de autogestión urbana: un edificio cooperativo en madera, diseñado colectivamente, con espacios comunes, criterios ecológicos y alquiler asequible. La propiedad del suelo está en manos de la cooperativa, lo que impide la especulación futura.

En Lisboa, el ayuntamiento ha comenzado a aplicar modelos de alquiler a largo plazo con control público, destinando parte de su parque inmobiliario a vivienda asequible.[87] Estas políticas se complementan con acciones de contención de la *turistificación* y la recuperación de viviendas vacías para uso habitacional.

Más allá de los modelos institucionales o comunitarios, también emergen nuevas formas de habitar en red: vivienda con servicios compartidos (*cohousing*), residencias intergeneracionales, plataformas de alquiler solidario o proyectos de reactivación de inmuebles abandonados para colectivos vulnerables. En todos los casos, lo que se pone en juego es algo más que el espacio físico: se activa una lógica de cohabitación, cuidado mutuo, sostenibilidad y proximidad.

Todas estas experiencias, aunque diversas, apuntan a una misma transformación cultural: dejar de entender la vivienda como mercancía o como bien individual y comenzar a concebirla como derecho colectivo, como soporte de comunidad, como infraestructura para el cuidado y la vida.

Frente a las lógicas de expulsión, endeudamiento y aislamiento que caracterizan al modelo hegemónico, estas alternativas ofrecen un horizonte diferente: un habitar próximo, justo, sostenible y compartido. No son utopías; son prácticas concretas que ya están mostrando que otra forma de vivir la ciudad es posible.

4. Proxiliencia: la proximidad como resiliencia

En los últimos años, el concepto de resiliencia ha ganado fuerza en el discurso urbano global, promovido por organismos internacionales, gobiernos y redes de ciudades. ONU-Hábitat la ha definido en su City Resilience Global Programme como «la capacidad mensurable de cualquier sistema urbano, con sus habitantes, de mantener la continuidad a través de todos los choques y tensiones, mientras se adapta positivamente y se transforma hacia la sostenibilidad». Sin embargo, esta idea, cuando se adopta desde una perspectiva tecnocrática o limitada, corre el riesgo de vaciarse de contenido político y de reducirse a una lógica de retorno al estado previo, sin cuestionar las causas estructurales de la vulnerabilidad. Como lo evocó de manera pionera Mark Pelling en su icónico libro *Adaptation to Climate Change: From Resilience to Transformation*,[88] la resiliencia puede convertirse en una forma de gestionar el riesgo sin transformar las condiciones de injusticia que lo producen. Sarah Meerow y Joshua Newell[89] alertan sobre la resiliencia urbana que ha sido muchas veces aplicada sin preguntarse para quién se construye, ni qué desigualdades busca transformar.

La resiliencia tradicional, tal como ha sido formulada desde las ciencias ambientales o la gestión del riesgo, tiende a centrarse en la infraestructura física, la preparación ante desastres y la capacidad de respuesta ante eventos extremos. Es la resiliencia de los manuales técnicos: mapas de riesgo, sistemas de alerta, simulacros, protocolos. Esto es indispensable, sin duda. Pero no es suficiente, porque ¿de qué sirve resistir una crisis si, al día siguiente, se vuelve a un modelo de ciudad desigual, fragmentado, contaminante y excluyente?

Las catástrofes urbanas no son solo terremotos, incendios o inundaciones. También lo son los impactos sistémicos climáticos, que se expresan a veces de manera manifiesta y otras de manera más invisible; las amenazas a la salud urbana en todas sus formas, directas o indirectas; los choques económicos; la escasez energética; el colapso logístico; la inseguridad alimentaria, o la ruptura de cadenas de suministro. Las ciudades que dependen de rutas lejanas, de materias primas importadas, de energía centralizada o de sistemas de movilidad frágiles son altamente vulnerables, aunque sus infraestructuras se vean «modernas». Lo mismo ocurre con las ciudades donde la vivienda, la salud o la educación están desconectadas territorialmente o sujetas al vaivén del mercado.

Una ciudad donde una inundación corta las rutas y nadie puede llegar al hospital, donde por situaciones diversas se pueden detener los trenes y se paraliza la economía local, donde una crisis internacional bloquea las importaciones de alimentos, es una ciudad técnicamente moderna pero socialmente frágil. Del mismo modo, un barrio donde las personas deben recorrer kilómetros para acceder a una farmacia o una escuela, donde no hay relaciones de vecindad ni redes de cuidado, tampoco es resiliente, por más que tenga edificios sismorresistentes. Pero es también lo que puede suceder a una familia que se endeuda para comprar una casa sin servicios, alejada y expuesta a muchos riesgos en su vida cotidiana.

El 12.º Foro Urbano Mundial (WUF12) organizado por ONU-Hábitat fue celebrado en El Cairo en noviembre de 2024. Bajo el lema «Todo comienza en casa: acciones locales para un desarrollo urbano sostenible», el foro enfatizó la importancia de las escalas locales, la planificación de proximidad y la circularidad territorial como fundamentos para ciudades más equitativas y sostenibles. En su *Llamado a la acción de El Cairo*,[90] específicamente en el punto 5, se señala: «Colocar la proximidad y la circularidad en el centro del desarrollo urbano es necesario para asegurar un consumo eficiente de recursos, sostenibilidad ambiental, prosperidad económica y equidad social».

En ese encuentro, propuse el término «proxiliencia» para articular un nuevo marco conceptual que oriente las políticas urbanas del siglo XXI, promoviendo una resiliencia arraigada en el territorio –sostenida por la cercanía entre servicios, comunidades y recursos– y con un enfoque en la transformación hacia ciudades más autónomas y adaptativas

La proxiliencia describe territorios que funcionan desde la proximidad: donde las personas pueden acceder caminando o en bicicleta a los servicios esenciales; donde hay sistemas productivos locales y circuitos económicos de corto alcance; donde los alimentos no tienen que recorrer mil kilómetros para llegar a la mesa; donde los vínculos sociales son suficientemente densos para activar redes de ayuda mutua en momentos críticos. Es una nueva manera de entender la resiliencia, que no se basa solo en resistir impactos, sino en reconfigurar el metabolismo urbano hacia lo próximo, lo equitativo, lo comunitario y lo regenerativo. Es una resiliencia con raíces, no con muros. Una resiliencia que no se limita a «aguantar» y se convierte en motor de bienestar y plenitud.

Desde una perspectiva ecológica, la proxiliencia permite reducir la huella de carbono, minimizar la dependencia de combustibles fósiles, fomentar la soberanía alimentaria y promover economías circulares. Desde lo social, fortalece el tejido comunitario, reactiva espacios públicos, visibiliza los cuidados y construye confianza entre vecinos. Y, desde lo económico, impulsa sistemas territoriales más robustos, diversificados y menos vulnerables a las fluctuaciones globales, basados en producción local, empleo de cercanía y relocalización de sectores estratégicos.

En lugar de ver la ciudad como una red de infraestructuras que deben resistir a presiones externas, la proxiliencia nos invita a entenderla como un ecosistema vivo, donde lo urbano y lo social, lo económico y lo ambiental están entrelazados. No se trata de prepararse para enfrentar una próxima crisis, sino de construir ciudades que no dependan de la fragilidad del mercado global, de la lejanía de los recursos o de la desigualdad del territorio.

Esto implica también repensar la política urbana. La proxiliencia no se decreta desde arriba. Se construye desde abajo, con participación, con tiempo, con arraigo. Requiere repensar la vivienda, el transporte, la energía, el trabajo, la educación y la salud como partes de un mismo entramado. Y exige que las políticas de suelo, financiamiento, planificación y servicios públicos confluyan en una visión integral del habitar.

No hay proxiliencia sin derecho a la ciudad, sin justicia territorial, sin equidad en el acceso a los recursos. Pero tampoco hay derecho a la ciudad si no hay barrios capaces de sostener la vida cotidiana, de cuidarse colectivamente, de producir lo que necesitan, de proteger lo que les da sustento.

En un mundo marcado por la incertidumbre, la proxiliencia es una apuesta por la vida urbana con sentido. No como adaptación pasiva al desastre, sino como transformación activa hacia un futuro más justo, más próximo y resiliente.

París: las calles escolares como territorios de proxiliencia

Un ejemplo paradigmático de proxiliencia urbana puede encontrarse en las calles escolares de París, «*les rues aux écoles*».[91] Durante años, estos espacios representaban puntos críticos que ponían en peligro la salud física, mental y emocional de niños, familias y personas que transitaban por allí. El flujo automotor constante generaba riesgo de atropellos, contaminación sonora y, sobre todo, exposición co-

77

tidiana a contaminantes invisibles, pero altamente nocivos, como las partículas finas (PM2.5) y el dióxido de nitrógeno (NO_2), asociados a enfermedades respiratorias, deterioro cognitivo y aumento del estrés infantil.

A todo ello se sumaban condiciones de incomodidad y congestión en el espacio público: aceras estrechas atestadas de padres, cuidadores y niños; dificultades de paso para personas con cochecitos, andadores o discapacidades; tensión y ruido en las horas pico de entrada y salida escolar. Las medidas clásicas –presencia policial o personal para ayudar a cruzar– eran insuficientes: respuestas temporales para problemas estructurales.

La lógica de la proxiliencia se hizo concreta cuando la alcaldesa de París, Anne Hidalgo, decidió transformar estructuralmente el uso del espacio frente a las escuelas. La decisión fue clara y valiente: cerrar el acceso a automóviles, eliminar el tráfico motorizado en esos tramos y reconvertirlos en espacios públicos vivos. Cada una de estas calles se transformó en un microparque urbano: se plantó vegetación, se incorporaron juegos infantiles, mobiliario, aros para bicicletas, zonas de descanso para mayores. Lo que antes era una zona de riesgo se convirtió en un lugar de encuentro, juego y convivencia.

El cambio fue sistémico, no anecdótico: no se trató de una escuela o un experimento aislado, sino de una política urbana implementada en más de doscientas escuelas de la ciudad, hoy replicada en muchas otras ciudades del mundo.

Pero, más allá de la infraestructura, lo más notable fue lo que cambió en la vida cotidiana: nuevos comportamientos emergieron. Los fines de semana, las niñas y los niños comenzaron a jugar frente a sus escuelas, a pasar tiempo en esos espacios que antes eran evitados. Lo que antes era impensable –un niño diciendo «Voy a la escuela» un domingo– se volvió una escena común. La calle escolar dejó de ser un espacio de paso y se convirtió en un lugar de afecto, de pertenencia, de identidad.

Esto es proxiliencia en acción: la transformación de una amenaza en una oportunidad para regenerar el vínculo urbano. La proximidad ya no es solo una cuestión de distancia funcional, sino una vivencia afectiva y colectiva. Aparece aquí una nueva urbanidad basada en el arraigo, una topofilia cotidiana: el amor por los lugares cercanos que frecuento, que cuido, que comparto.

Esta política se conecta con otra decisión fundacional de la alcaldesa Anne Hidalgo: abrir los patios escolares durante los fines de semana para el uso libre del barrio. Esa medida simbólica fue el inicio de la profunda y transformadora política urbana de «la ciudad de 15 minutos en París»: hacer que la escuela se convierta en la capital del barrio, un nodo de comunidad, cultura y vida. No un edificio cerrado, sino un espacio social abierto, con funciones múltiples, capaz de articular educación, cuidado, salud, juego, cultura y ciudadanía.

Lo que esta experiencia enseña es que la proxiliencia no es un modelo técnico, sino una forma de reorganizar la vida urbana desde lo que es esencial: la salud, la equidad, el vínculo, el arraigo y el derecho a vivir bien en mi calle, en mi barrio, en mi ciudad.

Bogotá: la falsa promesa de infraestructura sin proximidad

Un contraejemplo ilustrativo de la ausencia de proxiliencia urbana es el caso de Bogotá, una metrópolis de más de 9 millones de habitantes, marcada por una fuerte desigualdad territorial y fragmentación social.[92] Una publicación reciente de la Universidad Javeriana muestra cómo la verticalización urbana en Bogotá ha redefinido el paisaje de la ciudad, vinculando las decisiones económicas y urbanísticas con la concentración de privilegios en ciertas áreas. La investigación destaca cómo los rascacielos y edificios altos refuerzan desigualdades sociales al priorizar la rentabilidad económica sobre la equidad, especialmente en sectores exclusivos como Chicó, mientras las zonas del sur y centro enfrentan un estancamiento económico[93]. Desde hace décadas, la ciudad sigue debatiendo sobre la construcción de un sistema de metro, en un proceso largo, politizado y cargado de controversias: si debe ser elevado o subterráneo, si realmente resolverá los problemas de movilidad. Dicho sea de paso, aunque construir un sistema de transporte elevado en zona de alta densidad es un error urbano mayor, sin duda un metro hace parte de una solución de conectividad estructural. Pero, cuando se aborda aisladamente, sin articularlo a un plan integral de servicios, bienestar y equidad territorial, el resultado es una intervención que no transforma las condiciones de fondo.

Actualmente, Bogotá cuenta con un sistema de buses de tránsito rápido (BRT) llamado TransMilenio, que ha sido presentado durante años como solución masiva al problema del transporte urbano. Sin embargo, la experiencia cotidiana de sus usuarios muestra otra realidad: estaciones saturadas, demoras frecuentes, condiciones de inseguridad, acoso, robos, incomodidad estructural y desprotección. En particular, las zonas de estaciones concentran tasas de inseguridad y agresiones en aumento, lo que no solo revela fallas en el sistema, sino también fracturas sociales profundas. Según la Encuesta de Convivencia y Seguridad Ciudadana (ECSC) 2021,[94] el transporte público es percibido como inseguro por el 50,3 % de los bogotanos. Este índice refleja el temor generalizado entre los usuarios del SITP, especialmente en las troncales de TransMilenio, donde se concentra gran parte de los delitos. Esta percepción se ve reflejada en las cifras de criminalidad, según las cuales los hurtos han crecido un 60 % en el sistema TransMilenio y los robos dentro de los buses han aumentado un alarmante 107 % en los últimos once meses. En el Concejo de Bogotá, el reporte[95] de la Comisión de Gobierno 735 de 2024 evoca: «Los factores que facilitan la delincuencia en TransMilenio son múltiples: la falta de presencia policial, escasez de recursos para seguridad ciudadana y una operación logística que no responde adecuadamente a las necesidades del sistema. La lenta circulación de las rutas y los prolongados tiempos de espera son condiciones que favorecen el accionar delictivo».

El aumento de la criminalidad en las estaciones del TransMilenio, como documentan estas fuentes, refleja no solo problemas operativos del sistema, sino y ante todo desigualdades sociales persistentes que afectan a Bogotá.

Esto no es producto del azar, sino de una vulnerabilidad estructural. En Bogotá, la desigualdad no es solo económica, es espacial, temporal y vivencial. La gran mayoría de las personas que viven en los barrios populares del suroccidente de la ciudad –donde se concentra cerca de la mitad de la población urbana– enfrentan malas condiciones habitacionales, servicios precarios, escaso acceso a salud, educación, cultura, empleo y espacios públicos. Esta exclusión fuerza a millones de personas a realizar desplazamientos cotidianos de muchas horas, en condiciones de hacinamiento e inseguridad, para acceder a lo que debería estar cerca: su derecho al bienestar.

Este tipo de movilidad obligada, masiva y desigual no es un indicador de eficiencia metropolitana, sino de fractura estructural del derecho a la ciudad. No se resuelve simplemente con nuevas infraestructuras de transporte –por valiosas que sean– si no se transforma al mismo tiempo el modelo territorial y social que las produce. No es el metro quien solucionará el problema de Bogotá, sino un enfoque basado en la proximidad orientada al bienestar: un plan urbano integral que desconcentre los servicios y relocalice oportunidades, garantice derechos básicos cerca del lugar donde se vive y permita habitar dignamente sin desplazarse interminablemente.

A este panorama se suma un elemento clave: el colapso estructural de la movilidad automotorizada. Según el *INRIX Global Traffic Scorecard* de 2023,[96] Bogotá es la ciudad de América Latina donde se pierde más tiempo en congestiones vehiculares, con un promedio superior a 122 horas por persona al año atrapada en trancones, reflejando un incremento del 30 % respecto al año anterior. ¡Esto significa que el tiempo perdido en el tráfico es comparable al total de horas de vacaciones anuales que un trabajador tiene derecho a disfrutar!

Tal situación revela que el automóvil particular, lejos de ser un privilegio, se ha convertido en una obligación para quienes no tienen acceso a transporte colectivo digno o a servicios cercanos. Pero esta obligación se convierte en trampa: las condiciones de tráfico, la inseguridad vial, la contaminación y la pérdida de tiempo agudizan aún más la precariedad cotidiana. El problema no es solo de infraestructura, sino de modelo territorial: una ciudad profundamente centralizada, con escasa descentralización funcional, sin multimodalidad urbana efectiva, donde la falta de proximidad a servicios esenciales –educación, salud, empleo, cultura– genera desplazamientos forzados, costosos y desiguales. La brillante tesis[97] de Lady Carolina Fernández en la Universidad Nacional de Bogotá evidencia cómo el acceso al transporte público en Bogotá refleja y reproduce desigualdades sociales, considerando factores como género, ingresos y ubicación territorial, traduciéndose por la fuerte vulnerabilidad social de los habitantes de los barrios populares que no se benefician del acceso a los servicios.

En este escenario, la movilidad no libera, sino que agota. Frente a esta realidad, la solución no está únicamente en nuevas infraestructuras (como el metro), sino en una transformación profunda que apueste por la proximidad: una ciudad que redistribuya servicios, acerque oportunidades y reconstruya el bienestar desde lo próximo.

La ausencia de proxiliencia se manifiesta aquí como una amenaza latente de dislocación social, una ciudad que colapsa no solo por el tráfico, sino por la falta de equidad en el acceso a lo esencial. Frente a eso, la solución no está únicamente en modernizar el transporte, sino ante todo en reconfigurar la vida urbana desde la base, acercando salud, educación, cultura, trabajo y espacios públicos a todos los territorios. Solamente la proximidad puede construir resiliencia urbana duradera, no como capacidad de resistir a la crisis, sino como posibilidad de vivir mejor, con dignidad, desde donde se habita.

Proximidad y resiliencia en las UTOPÍAS de Iztapalapa: ¡sí se puede!

En el corazón de la Ciudad de México, Iztapalapa –la alcaldía más poblada de la capital, con más de 1,8 millones de habitantes– ha sido históricamente un territorio marcado por la desigualdad social, la precariedad urbana y la exclusión territorial.[98] Con altos índices de pobreza, criminalidad, violencia de género y escasez de servicios públicos, Iztapalapa era durante años símbolo de abandono institucional y fragmentación urbana. Según la Encuesta Nacional de Seguridad Pública Urbana (ENSU) de septiembre de 2019, el 88,3 % de la población de Iztapalapa percibía inseguridad, la tasa más alta de la Ciudad de México en ese momento.

La imagen dominante era la de un territorio periférico sin espacios públicos adecuados, con infraestructura degradada, limitado acceso a la cultura, el deporte, a la salud o el bienestar. Una gran parte de la población debía desplazarse largas distancias cada día para acceder a servicios básicos, lo que generaba un patrón de movilidad obligada, con altos costos económicos, físicos y emocionales. La ausencia de proximidad a servicios disponibles era uno de los factores clave del malestar urbano cotidiano.[99]

Frente a este panorama, surge un proyecto transformador: las UTOPÍAS (Unidades de Transformación y Organización Para la Inclusión y la Armonía Social),[100] nacidas de una iniciativa de Clara Brugada, actual jefa de Gobierno de la Ciudad de México, durante su mandato como alcaldesa de Iztapalapa (2018-2023). Desde el principio, la propuesta fue clara: las UTOPÍAS no serían simples parques o centros comunitarios convencionales, sino complejos multifuncionales diseñados para satisfacer las diversas necesidades de la población.[101] El objetivo central de la iniciativa era la proximidad, a fin de que ningún habitante tuviera que recorrer largas distancias para acceder a un espacio de vida y de relación social. Clara Brugada y su equipo tomaron la decisión de distribuir estratégicamente estas infraestructuras en quince centros diferentes, garantizando así una cobertura amplia y equitativa.

La arquitecta María del Rocío Lombera González, entonces directora general de Planificación y Participación Ciudadana en la alcaldía de Iztapalapa, que estaba a cargo del diseño, explicó que «las UTOPÍAS son grandes espacios dotados de equipamientos públicos como piscinas, gimnasios, centros de día para personas mayores, foros al aire libre, talleres culturales y centros para mujeres, concebidos como lugares multifuncionales».[102] El estudio conceptual partía de la premisa de que estos espacios debían ser completos y multidisciplinarios, ofreciendo una serie de servicios en un solo lugar y buscando garantizar diversos derechos para los habitantes. Esto permitiría evitar la fragmentación y optimizar los recursos, dando a la comunidad acceso a una variedad de actividades en un solo lugar. No son solo centros comunitarios, sino una nueva infraestructura social de la vida cotidiana, diseñada para garantizar el acceso gratuito y de calidad a servicios culturales, deportivos, educativos, ambientales y de salud. En lugar de centralizar, las UTOPÍAS descentralizan el bienestar y lo acercan a donde la gente vive. Encarnan el principio de proxiliencia: articulan proximidad territorial con resiliencia comunitaria, redistribuyen oportunidades, fortalecen el tejido social y transforman el espacio urbano en un recurso de cuidado y convivencia. Son islas de equidad que reequilibran la ciudad.

La creación de las UTOPÍAS ha sido fruto de una visión política clara y de un proceso participativo con las comunidades. Desde la primera idea hasta su implementación, el proyecto se ha concebido como una política integral de regeneración urbana, con enfoque de derechos, género, accesibilidad universal y sostenibilidad. Lejos de ser intervenciones aisladas, cada UTOPÍA está conectada con otras, formando una red territorial de equipamientos urbanos. Hasta la fecha, quince UTOPÍAS han sido construidas en diferentes puntos de la jurisdicción de Iztapalapa, con resultados visibles en muy poco tiempo. Cada una cuenta con instalaciones de alto nivel: piscinas semiolímpicas, auditorios, escuelas de música y cine, bibliotecas, ludotecas, jardines, áreas de rehabilitación, canchas deportivas, espacios para mujeres, personas mayores y con discapacidad. Todo gratuito, todo cerca.

La apuesta por la proxiliencia en Iztapalapa no se limita a la creación de espacios públicos y equipamientos de calidad: también incluye el desarrollo de infraestructuras de movilidad integradas al tejido social y territorial. Un ejemplo claro es el Metrocable de Iztapalapa, un sistema de transporte por tele férico diseñado no solo como solución técnica al problema de accesibilidad en zonas de alta pendiente, también como pieza estructural de una visión urbana transversal. Este sistema conecta barrios históricamente aislados con estaciones de metro, centros de servicios y espacios públicos, reduciendo drásticamente los tiempos de traslado y ampliando el acceso efectivo a salud, educación, empleo y cultura. Lo más notable es que el Metrocable no fue concebido como una obra aislada, sino como parte de un proyecto integral: las estaciones están próximas a las UTOPÍAS, mercados locales, centros comunitarios y corredores verdes. Así, la movilidad se convierte en instrumento de equidad, no solo de desplazamiento. Es una infraestructura que refuerza la proximidad, reduce la exclusión y contribuye activamente a una ciudad más resiliente, habitable y justa.

Entre 2020 y 2022, el barrio Desarrollo Urbano Quetzalcóatl, uno de los más conflictivos de Iztapalapa, registró una disminución del 30 % de los delitos de alto impacto, según la Fiscalía General de la Ciudad de México. Esta evolución forma parte de un cambio más amplio:[103] la percepción de inseguridad entre los habitantes ha disminuido de manera espectacular, pasando del 91,3 % en 2019 al 50 % en 2024. Más de 100.000 jóvenes se han alejado de la delincuencia gracias a las actividades culturales, deportivas y educativas que se ofrecen gratuitamente en las UTOPÍAS. Paralelamente, se han recuperado más de 600.000 m² de espacios públicos y se han transformado en centros de proximidad para el bienestar colectivo. Las UTOPÍAS reciben hoy en día alrededor de 5 millones de visitas al año,[104] lo que representa un promedio de 400.000 visitas mensuales, y se han convertido en un verdadero motivo de orgullo para los habitantes.[105] Incluso se convierten en atracción para turistas curiosos por descubrir esta experiencia única de transformación social, cultural y urbana de gran impacto.

Las UTOPÍAS han recibido reconocimiento internacional por su originalidad, su escala y su enfoque de inclusión profunda. En 2024, fueron premiadas por el Observatorio Internacional de la Democracia Participativa (OIDP)[106] y reconocidas por la Organización Panamericana de la Salud (OPS)[107] como ejemplo de infraestructura urbana para el bienestar comunitario.

La UTOPIA Estrella recibió el Latin American Gold Award en los Premios Holcim[108] en noviembre de 2023, uno de los galardones más prestigiosos del mundo en materia de arquitectura sostenible. Este reconocimiento destaca el diseño innovador y el compromiso con la sostenibilidad del proyecto. La prestigiosa revista *ArchDaily*[109] lo clasificó entre los veinte proyectos más innovadores en materia de sostenibilidad en 2023.

Pero, más allá de los premios, los efectos concretos son claros: reducción de la criminalidad en las zonas donde operan, mejora en la percepción de seguridad –especialmente entre mujeres y jóvenes–, mayor acceso a espacios públicos de calidad, participación activa de la ciudadanía en actividades culturales, deportivas y sociales, y altos niveles de satisfacción de los usuarios documentados en encuestas locales.

El éxito del modelo ha impulsado su expansión. Cuando asumió el cargo de jefa de Gobierno de la Ciudad de México el 5 de octubre de 2024, Clara Brugada anunció en su discurso de investidura[110] su compromiso de construir cien UTOPÍAS durante su administración: «Haremos realidad el derecho a la ciudad [...] construiremos cien hermosas UTOPÍAS en toda la ciudad [...] para que al final de mi administración (2030), la Ciudad de México tenga cien hermosos espacios de inclusión, accesibles a quince minutos de cada hogar [...]. Haremos realidad la "ciudad de 15 minutos"».

El objetivo final es asegurar que todos los habitantes de la ciudad vivan cerca de una UTOPÍA.[111] Cada UTOPÍA incluirá instalaciones deportivas como piscinas y parques de patinaje, espacios culturales como bibliotecas y escuelas de arte, servicios sociales para grupos vulnerables y elementos de desarrollo sostenible como jardines urbanos, entre las diversas actividades que se ofrecerán.

Este proyecto no solo pretende mejorar la infraestructura urbana, sino también transformar el tejido social de la ciudad. El compromiso de Brugada con las cien UTOPÍAS y la «ciudad de los 15 minutos» representa una visión audaz para el futuro de México, ofreciendo un enfoque original de la planificación urbana en la capital del país y promoviendo una ciudad más equitativa, accesible y sostenible para todos sus habitantes.

Es un nuevo paradigma para el bienestar territorial en contextos de desigualdad. Las UTOPÍAS son, sin duda, uno de los ejemplos más potentes de proxiliencia urbana en América Latina. Demuestran que incluso en contextos adversos es posible transformar el habitar, descentralizar el cuidado, sembrar cultura y construir equidad desde el territorio y para la gente. Son una invitación a imaginar, pero, sobre todo, a hacer.

5. Ciudades que enferman, ciudades que sanan

En octubre de 2014 fui invitado a participar en un evento TEDx en Palma de Mallorca, centrado en el futuro de nuestra sociedad. En aquella ocasión tuve el privilegio de conocer a un investigador excepcional y ser humano de gran calidad humana: el doctor Ignacio Martínez, biólogo, paleontólogo español y catedrático de la Universidad de Alcalá de Henares. El doctor Martínez recibió el Premio Príncipe de Asturias en 1997 como miembro del equipo pionero que realizó descubrimientos fundamentales sobre la evolución humana en los célebres yacimientos de Atapuerca.[112] Entre sus contribuciones más destacadas se encuentra su participación en las excavaciones de la emblemática Sima de los Huesos, ubicada en un macizo declarado Patrimonio de la Humanidad por la Unesco en el año 2000.[113]

En un relato bastante conmovedor, animado por el altruismo, el cuidado y el amor, Ignacio comunicó el orgullo y la emoción que sentía de haber participado en una excavación en la que se encontraría la traza del más antiguo ritual funerario humano conocido hasta la fecha. En esa cueva, datada alrededor de 400.000 años, se han hallado restos de al menos veintiocho individuos depositados intencionadamente en el fondo de una sima vertical. La distribución por edad y sexo –con predominio de muertes naturales, un número elevado de mujeres adolescentes probablemente fallecidas durante el parto y una rápida disminución de varones a partir de los veinte años–, así como la ausencia de restos infantiles, sugiere que los cuerpos no cayeron por accidente, sino que fueron depositados de forma deliberada. A ello se suma un hallazgo singular: el bifaz conocido como «Excalibur», único instrumento lítico del yacimiento, y posiblemente colocado con intención simbólica. Esta acumulación funeraria da cuenta de una práctica social compleja, realizada por una especie humana que precedió en cientos de miles de años la llegada del *Homo sapiens* a Europa –ocurrida hace aproximadamente 50.000 años–. Algunas características anatómicas de estos individuos, como la estructura del oído medio y del cráneo, refuerzan la hipótesis de una capacidad –aunque rudimentaria– para el lenguaje,[114] lo que sugiere una organización social, cognitiva y simbólica mucho más avanzada de lo que se pensaba hasta ahora.

Mi emoción fue muy grande al escuchar ese testimonio, que se complementa y encaja perfectamente con la anécdota, ya mencionada en las páginas iniciales de este libro, del hueso fracturado y curado que la historia ha atribuido a Margaret Mead.

Del otro lado del Atlántico, en América Latina, la datación es más reciente, pero deja ver el mismo sentimiento colectivo ceremonial frente a la muerte. En Ecuador, el sitio de Las Vegas[115] alberga los entierros más antiguos con evidencia clara de ritual

92

funerario en América del Sur, datados entre 10.000 y 6.600 años antes del presente. Allí, cuerpos en posición fetal, rodeados de piedras, pigmentos rojos y ofrendas como conchas marinas o herramientas, revelan una práctica funeraria compleja. Lejos de simples inhumaciones, estos gestos expresan una espiritualidad profunda miles de años antes de las civilizaciones andinas. Fueron excavados principalmente por Karen Stothert,[116] una de las arqueólogas clave en el estudio de este sitio, que hoy se considera un testimonio temprano del pensamiento simbólico en América Latina.

Es la historia de nuestra fragilidad, de nuestra vulnerabilidad, de la esencia misma de nuestra efímera humanidad. En esos gestos últimos, en las ceremonias de los adioses, se preserva el hilo invisible que resguarda los afectos, la memoria y el vínculo con quienes ya no están. Cada 1 de noviembre, la celebración de Todos los Santos se renueva en Iberoamérica como un acto colectivo de recuerdo y continuidad, donde los lazos con los que partieron no se rompen, sino que se transforman. Es una fecha que ocupa un lugar profundo en el inconsciente colectivo, y cuyas manifestaciones –como el Día de Muertos en México– se han convertido en rituales contemporáneos arraigados en antiguas tradiciones de intimidad familiar, vecindad y comunidad. Honrar a los muertos es también una forma de homenajear a los vivos, de mantenernos unidos a quienes amamos, de reencontrarnos con la ternura, la nostalgia, la convivencia. En definitiva, de celebrar aquello que nos hace humanos en la proximidad: el amor que sobrevive al tiempo.

Si consideramos la ciudad como un organismo vivo –como una entidad compleja formada por un tejido diverso de personas, espacios y relaciones–, podemos proyectar sobre ella la misma reflexión. Es siguiendo el anhelo del resguardo y el cuidado que la proximidad se afirma como un elemento clave del estilo de vida del siglo XXI y como uno de los grandes desafíos del porvenir. Así, la salud urbana y el bienestar colectivo deben ser revisitados bajo una nueva luz: la del paradigma de la proximidad feliz, donde cuidar de uno mismo y de los otros se convierte en una práctica vital para habitar la ciudad de manera sana, plena y consciente.

La emergencia de la metrópolis moderna trajo consigo una profunda transformación de la vida mental. En 1903, el sociólogo alemán Georg Simmel ofreció, en *La metrópolis y la vida mental*, una de las primeras reflexiones sistémicas sobre los efectos psíquicos de la urbanización acelerada. La sobrecarga de estímulos sensoriales, la multiplicación de relaciones impersonales, la fragmentación de la experiencia y la aceleración del tiempo obligan al individuo a adoptar mecanismos de defensa para preservar su equilibrio psíquico. Surge así la «actitud *blasé*», una forma de indiferencia protectora frente al exceso, acompañada por un individualismo diferenciador que busca afirmar la singularidad en medio de la masa. Aunque Simmel no hablaba de «salud mental» en los términos actuales, sus intuiciones anticipan las tensiones emocionales, cognitivas y sociales que hoy reconocemos como parte del malestar urbano. Su pensamiento, 120 años después, sigue siendo clave para entender cómo la forma y el ritmo de la ciudad modelan nuestra vida interior.

Décadas más tarde, y desde la experiencia directa de los barrios de Nueva York, Jane Jacobs propuso una visión colectiva de ruptura con el concepto de «ciudad viva» (*living city*). En *Muerte y vida de las grandes ciudades* (1961), la teórica del urbanismo rechaza la lógica de planificación centralizada y funcionalista que fragmenta la vida urbana, y reivindica en su lugar esta ciudad viva, diversa, imprevisible y profundamente humana. Para Jacobs, la calidad de vida urbana no reside en las infraestructuras monumentales ni en la eficiencia técnica, sino en el tejido denso de las relaciones de vecindad, en los «ojos en la calle» que cuidan colectivamente el espacio común, en las interacciones espontáneas que generan confianza. La ciudad que se camina y en la que cada paseo cotidiano activa un conocimiento afectivo del espacio. «La condición del caminar no debería estar limitada. Las calles y sus aceras, los principales lugares públicos de una ciudad, son sus órganos más vitales. ¿Qué es lo primero que nos viene a la mente al pensar en una ciudad? Sus calles. Cuando las calles de una ciudad ofrecen interés, la ciudad entera ofrece interés; cuando presentan un aspecto triste, toda la ciudad parece triste», decía Jacobs en este libro. «Las ciudades son libros que se leen con los pies», escribiría más tarde el cantautor uruguayo Quintín Cabrera.[117] Frente a la ciudad mineral y trepidante que descompone la subjetividad, Jane Jacobs propone una ciudad habitada desde la proximidad, donde la vida real ocurre aquí y ahora, en la esquina, en el mercado, en el saludo compartido. Su enfoque no idealiza el pasado, sino que nos recuerda que la vitalidad urbana depende de vínculos tangibles, de comunidades vivas y de espacios donde lo cotidiano puede florecer.

La crítica de Jane Jacobs a los modelos de planificación urbana dominante en el siglo XX se inscribe en un contexto histórico y cultural marcado por las promesas de la modernidad. Tras la Segunda Guerra Mundial, las ideas contenidas en la *Carta de Atenas*[118] (1933), impulsadas por Le Corbusier[119] y otros defensores del funcionalismo, orientaron la reconstrucción de las ciudades sobre una base racionalista, segmentada y jerárquica. La separación estricta de funciones –habitar, trabajar, circular, recrearse– dio lugar a espacios urbanos fragmentados, extensos y despersonalizados, donde la eficiencia técnica y el control del espacio reemplazaron a la diversidad, la mezcla y la complejidad propias de la vida urbana tradicional. Jacobs se opuso frontalmente a esta visión de la ciudad como máquina, denunciando el desarraigo y la deshumanización que producía en nombre del progreso.

Hoy, con la distancia del tiempo, podemos ver con claridad cómo esa lógica acelerada de expansión urbana ha contribuido a una ciudad que enferma. Enferma, porque multiplica las distancias y suprime la escala humana; porque expulsa la vida cotidiana a los márgenes y sacrifica el espacio público al dominio del automóvil; porque produce islas funcionales sin alma, donde el anonimato y la desconexión deterioran el tejido social. La ciudad enferma también cuando contamina el aire que se respira, cuando el ruido se vuelve causa de permanente incomodidad, cuando impone ritmos de vida que agotan, cuando priva a sus habitantes del contacto con la naturaleza, del movimiento espontáneo y del encuentro con el otro. Es el resultado de una visión tecnocrática de la modernidad urbana, donde el progreso se mide en infraestructuras y velocidad, pero no en bienestar, vínculos, ni calidad de vida: una ciudad sin afectos, sin integración social, sin proximidad es una ciudad que pierde su capacidad de cuidar y de sostener la vida.

De esta lógica urbana que desconecta y fragmenta surge una serie de efectos acumulativos que podemos describir como formas de «obesidad estructural» para nombrar los excesos, las distorsiones y los desequilibrios que caracterizan a muchas ciudades contemporáneas y que está presente de manera importante en Iberoamérica. El primer efecto es la obesidad de la ciudad misma, que se expande sin control, extendiéndose horizontalmente en procesos de urbanización difusa que diluyen el sentido de pertenencia y desgastan los recursos naturales y sociales. Le sigue la obesidad del automóvil –ahora autos-tanques (4x4, SUV, Cybertruck y otros tantos)–, símbolo de libertad individual, pero en realidad factor de dependencia, contaminación, ruido y ocupación abusiva del espacio público. Y, en último término, aparece la obesidad de las personas, expresión visible del sedentarismo inducido por entornos que desalientan el movimiento, por tiempos fragmentados y por la ausencia de espacios pensados para el cuerpo, el juego, el caminar, el encuentro. Estas tres formas de obesidad no son fenómenos aislados, sino consecuencias sistémicas de un urbanismo que ha priorizado la velocidad sobre la cercanía, la infraestructura sobre la experiencia y la lógica de la eficiencia sobre la del bienestar. En conjunto, configuran un ecosistema urbano que no solo enferma a quienes lo habitan, sino que produce un malestar difuso que se traduce en enfermedades crónicas, fatiga emocional, desconexión relacional y pérdida del sentido compartido del espacio y del tiempo.

En Iberoamérica, los efectos de este modelo urbano fragmentado se agudizaron durante la segunda mitad del siglo XX, en un contexto de urbanización acelerada, crecimiento desigual y expansión periférica no planificada.[120] Las grandes metrópolis del continente crecieron sobre bases frágiles: movilidad centrada en el automóvil, segregación espacial, déficit crónico de infraestructura social y una planificación que reprodujo, con décadas de retraso, los principios del urbanismo funcionalista europeo. A esta configuración se añadió, ya en el siglo XXI, un nuevo factor que ha reconfigurado radicalmente las formas de habitar y relacionarse: el surgimiento masivo del mundo digital. Las redes sociales, convertidas en plataformas dominantes de interacción, han generado una paradoja profunda, los «*zombiesgeeks*», ciudadanos hiperconectados tecnológicamente, pero más solos y desconectados que nunca en la experiencia real. En lugar de comunidad, proliferan burbujas algorítmicas, donde cada cual vive rodeado de sus propias certezas, reforzadas por *likes* y seguidores, pero desprovistas de vínculos afectivos auténticos. Se fotografía un lugar para decir que se estuvo allí, pero sin habitar realmente su atmósfera ni su humanidad. Se acumulan contactos sin amistad, respuestas sin escucha, publicaciones sin conversación. Esta «soledad digital» invade también los espacios físicos: cafés en los que ya no se cruzan miradas, plazas ocupadas por cuerpos, pero vacías de interacción, hogares habitados por pantallas. Así, la ciudad enferma no solo por su estructura material, también por la erosión simbólica y emocional de los vínculos que la sostenían como espacio de encuentro, de relato compartido y de cuidado mutuo. La pérdida de humanidad en los lugares de vida es hoy una herida abierta en nuestras metrópolis.

En América Latina, este proceso adquiere una complejidad mayor. A la fragmentación urbana y a la desconexión social, se suma un sentimiento de inseguridad persistente, que modela el modo de habitar y de relacionarse. El miedo a ser víctima de una agresión física o de un delito cotidiano alimenta el aislamiento, debilita la vida pública y empuja a muchos hacia una especie de «individualismo digital», percibido como un refugio frente a los riesgos del espacio compartido, cuando las calles se vacían no solo por falta de servicios o de calidad urbana, sino por temor. En paralelo, las desigualdades estructurales, agravadas por el acceso limitado a vivienda digna, movilidad segura y servicios esenciales, generan un terreno fértil para la frustración colectiva, el crecimiento de economías informales o ilegales, con la circulación de dinero fácil y la pérdida de la ética colectiva que esto supone y que erosiona las reglas comunes, desintegrando aún más el tejido social. Lo que debería ser un proyecto urbano compartido se convierte en una simple suma de estrategias individuales de supervivencia. En este contexto, el ideal de ciudad como espacio de encuentro, de solidaridad y de bien común parece diluirse en un cóctel peligroso de tensiones múltiples, donde lo físico, lo emocional y lo simbólico se conjugan para dar forma a una ciudad que enferma en varios aspectos a la vez.

Otra enfermedad que carcome profundamente a muchas ciudades, en particular de América Latina, es la persistencia de dificultades éticas en los gobiernos locales. No se trata de casos aislados, sino de prácticas sistemáticas que desfiguran el horizonte de una política urbana orientada al bien común. La corrupción estructural, el nepotismo, los intercambios de favores a cambio de «ayuda electoral» con sectores privados, las licitaciones opacas o los «carruseles» de comisiones desviadas hacia intereses personales, son formas insidiosas de captura del poder público que minan la legitimidad institucional. Más allá de la pertenencia a uno u otro partido, estas prácticas atraviesan distintos niveles de gobierno y debilitan la posibilidad de construir una hoja de ruta basada en la proximidad feliz y el bienestar territorializado. Allí donde la decisión pública está subordinada a intereses particulares, la planificación urbana pierde coherencia, se rompe la confianza ciudadana y se diluye la capacidad de sostener un proyecto compartido de ciudad justa, accesible y habitable para todos. Recuperar la ética pública es también una batalla urbana decisiva, sin la cual ninguna transformación estructural será duradera ni creíble.

A partir de este diagnóstico severo pero necesario, emerge con fuerza la necesidad de reimaginar la ciudad como un lugar que sana, que sostiene la vida y repara los vínculos. Ya no basta con responder a la crisis urbana desde la lógica fragmentada, ofreciendo más y más infraestructuras para ir raudo y lejos; se impone un cambio de mirada integral, donde el bienestar de las personas y la calidad de los vínculos sociales estén en el centro de la acción urbana. Este es el horizonte del paradigma de la proximidad feliz, que se proyecta hoy con renovada urgencia frente a los efectos acumulativos de una ciudad que enferma: la contaminación del aire y del suelo, el ruido crónico, la fragmentación de los ritmos de vida, la disolución del tiempo relacional, la soledad digital, la inseguridad creciente y la desvinculación emocional de los espacios habitados.

En octubre de 2024, la COP16[121] de la Biodiversidad, celebrada en Cali –la ciudad de mi juventud–, consagró el enfoque de «One Health» como principio orientador: «La salud de las personas, los animales, las plantas y el ambiente están interconectadas y dependen unas de otras: es una sola salud». En un mundo crecientemente urbanizado, esta visión obliga a repensar la ciudad como un ecosistema interdependiente, donde la salud individual, colectiva, social y ambiental no pueden ser abordadas por separado. Frente a la ciudad que enferma, emerge entonces la figura de la ciudad que sana: no aquella que ignora sus heridas, sino la que genera condiciones para repararlas y regenerar la vida compartida. Como afirmaba Margaret Mead, el primer signo de civilización es un hueso fracturado que ha sanado, prueba del cuidado recibido. Lo mismo se observó en Atapuerca, donde la traza del ADN de un hueso humano roto y restaurado hace cientos de miles de años muestra la existencia de una comunidad capaz de proteger a los suyos. La ciudad, a pesar de sus fracturas múltiples, puede sanar si se prodigan los cuidados adecuados: tiempo, atención, vínculos, proximidad. El paradigma de la proximidad feliz propone justamente eso: activar una nueva forma de organización urbana que permita recomponer el tejido social, regenerar la confianza, restaurar el sentido de pertenencia y devolver a cada persona su lugar en una comunidad que protege y acompaña.

Concretar la proxiliencia urbana para ir de la ciudad que enferma a la ciudad que sana con la proximidad feliz, implica una transformación profunda de las formas de planificar, gestionar y habitar la ciudad. Significa, ante todo, reconstruir escalas humanas: barrios donde lo esencial lo tengamos en cortas distancias, con escuelas, mercados, centro de salud, espacios verdes, cultura e igualmente otras maneras de trabajar. Implica rediseñar el espacio público como escenario privilegiado del encuentro, de la diversidad y del cuidado mutuo: calles caminables, plazas activas, bancas que invitan a detenerse, sombras que protegen, caminos que conectan. Supone también reequilibrar los modos de movilidad, reduciendo la dependencia del automóvil privado, en favor de modos activos y colectivos que favorezcan tanto la salud física como la interacción social. En lo institucional, requiere políticas intersectoriales que articulen urbanismo, salud, educación, cultura y participación ciudadana en una misma visión de bienestar territorializado. Pero, más allá de la técnica, la ciudad de la proximidad feliz se construye a partir de un nuevo contrato social: concebir la ciudad no como una suma de infraestructuras, sino como un ecosistema vivo de vínculos, donde el tiempo compartido, la confianza, el cuidado y la dignidad sean valores centrales. Así, lo urbano deja de ser un espacio que desgasta, para convertirse en un espacio que sostiene, regenera y vincula.

La ciudad del siglo XXI no puede limitarse a ser eficiente: debe ser habitable, afectiva, sensible y solidaria. Frente a la ciudad que enferma, aislada, mineral y segregada, se alza la posibilidad de una ciudad de bienestar, que escucha, que acompaña. En ese horizonte, la proximidad feliz no es solo un modelo territorial: es una ética del habitar, una política de la vida común, una pedagogía del reencuentro. Apostar por ella es reafirmar que el futuro de nuestras ciudades no depende únicamente de la tecnología o de la infraestructura, sino de algo más esencial y humano en el sentido más pleno: nuestra capacidad de crear relaciones que den sentido, sostén y esperanza a la vida urbana compartida.

Para que el paradigma de la proximidad feliz se traduzca en una transformación real de la vida urbana, es necesario reconocer que el siglo XXI impone nuevas batallas que las ciudades tienen que afrontar con urgencia y visión de futuro. Estas batallas no son únicamente técnicas o sectoriales; son ecosistémicas y civilizatorias, y remiten a cuatro dimensiones fundamentales del bienestar integral que deben ser reconquistadas de forma armoniosa. La primera es el fuego, símbolo de la energía: implica salir definitivamente del modelo fósil para transitar hacia fuentes renovables, distribuidas, limpias y accesibles, capaces de sostener la vida sin destruirla. La segunda es el agua, bien vital por excelencia, cuyo acceso universal y gestión sostenible se vuelven prioridad absoluta en contextos marcados por la escasez, la contaminación y la injusticia hídrica. La tercera es el aire, que debe volver a ser respirable, limpio y protector, libre de emisiones tóxicas que hoy enferman a millones de personas en entornos urbanos. La cuarta es la tierra, entendida como un espacio para todos, donde se vive con los propios y en armonía con los otros, respetando la naturaleza, la biodiversidad, el arraigo territorial y los límites ecológicos. Y, finalmente, el siglo XXI nos confronta con tres nuevas exigencias íntimamente ligadas a la experiencia urbana contemporánea: el tiempo, el silencio y la sombra.

El tiempo se ha vuelto un bien escaso y profundamente desigual. Las ciudades de la velocidad han fragmentado nuestras jornadas, colonizando el tiempo personal, familiar y social. Recuperar el tiempo de vida es una condición para el bienestar: tiempo útil y disponible, tiempo de calidad para estar, para acompañar, para crear, para descansar. Una ciudad de proximidad reorganiza el territorio para liberar tiempo: acortando distancias, reduciendo desplazamientos, permitiendo que la vida ocurra cerca y con sentido. Y, junto al tiempo, el silencio se impone como una necesidad cada vez más evidente.

El silencio emerge como necesidad vital, como lo explica Pedro Bravo en su *Manifiesto*.[122] No se trata de callar la ciudad, sino de crear espacios de calma, pausa y atención. En un entorno saturado de ruidos –mecánicos, digitales, informativos–, el silencio es mucho más que ausencia de sonido: es condición para la escucha y la presencia. El silencio urbano permite respirar, pensar, sentir sin interrupciones constantes. Se vuelve así un bien común esencial para la salud mental y emocional. En él, recuperamos el vínculo con nosotros mismos, con los otros y con lo humano. Una ciudad que ofrece silencio es una ciudad que reconoce el valor de nuestra capacidad de pensar, contemplar, respirar en nuestra interioridad.

Frente al cambio climático y la intensificación de las olas de calor, la sombra se convierte en una infraestructura social vital para el cuidado del cuerpo y la vida cotidiana. Más que un detalle de confort es una condición de habitabilidad y un elemento central de la justicia térmica. Su ausencia afecta de manera desproporcionada a los más vulnerables: niños, personas mayores, trabajadores al aire libre, personas de bajos recursos. Garantizar sombra accesible y distribuida implica diseñar microclimas urbanos sensibles y protectores. En este contexto, la sombra deja de ser paisaje para convertirse en un elemento también clave en la política urbana del bienestar.

Integrar estos siete elementos vitales en el diseño y la gestión urbana –fuego, agua, aire, tierra, tiempo, silencio y sombra– no es un lujo, es el fundamento mismo de una ciudad que aspire a regenerar la vida, la justicia y la dignidad compartida.

Una excelente síntesis de ellos, tomando la reflexión sobre el tiempo como dimensión estructurante del bienestar urbano, encuentra eco en el pensamiento del sociólogo contemporáneo alemán Hartmut Rosa, quien ha analizado con lucidez cómo la aceleración social –tecnológica, económica y vital– ha producido una forma de alienación temporal que atraviesa todas las capas de la vida contemporánea. En su *Historia social del tiempo*[123] y más ampliamente con su teoría de la resonancia,[124] Rosa muestra cómo la vida moderna se ve atrapada en una lógica de velocidad acumulativa que despoja a las personas de su capacidad de experimentar el mundo de forma significativa. Cuando el tiempo se vuelve mera variable de gestión, lo que se pierde es la posibilidad de estar en relación íntima con los otros, con el entorno y con uno mismo. La ciudad –como estructura material, pero también como escenario de vida– puede convertirse en un espacio de resonancia si es capaz de reducir la presión del tiempo lineal, devolver ritmos habitables y permitir formas de presencia plena. En este sentido, el paradigma de la proximidad feliz se inscribe como una respuesta territorial concreta a la alienación acelerada: al acercar servicios, oportunidades, naturaleza, cultura y afectos, se liberan tiempos de vida que pueden ser reinvertidos en relaciones significativas. Las batallas por el fuego, aire, agua y tierra se encuentran en convergencia y en coherencia con las batallas por el tiempo, el silencio y la sombra. La resonancia urbana no es entonces una abstracción filosófica, sino una posibilidad práctica de organizar el territorio de forma que las personas puedan construir sentido, pertenencia y bienestar en lo cotidiano. A través de la proximidad y del acceso justo a lo esencial, la ciudad se redefine como un entorno que no solo organiza funciones, sino que fomenta la mezcla social, reconfigura los espacios públicos, libera tiempo de vida útil, acorta distancias, protege los elementos naturales, garantiza servicios de calidad, ofrece una entropía[125] que reequilibra los servicios, humaniza los entornos cotidianos, revitaliza barrios y comunidades y empodera a sus habitantes. De este modo, habilita una experiencia concreta de alta calidad de vida social, entendida como aquella en la que el tiempo recuperado, los vínculos funcionales y afectivos, y los espacios vividos se articulan armónicamente para regenerar el vivir juntos y vivir mejor.

Este es el sentido profundo de esta matriz de hibridación –territorial, temporal, social y ecológica– que constituye el núcleo de nuestro enfoque conceptual y de nuestras propuestas. Una matriz que hoy da la vuelta al mundo, encarnada en modelos como la «ciudad de los 15 minutos», la «ciudad de los x minutos», el policentrismo funcional o el paradigma de la proximidad feliz. Todas ellas son sinónimos convergentes de una misma aspiración: reorganizar la vida urbana desde la escala humana, para que el cuidado, la justicia y las dignidades federadas en el bienestar compartido vuelvan a ser el centro del proyecto urbano del siglo XXI.

6. Fortalecer la proximidad en las ciudades iberoamericanas

En mi calidad de presidente del Comité Científico del Consejo Italiano de Arquitectos, Urbanistas, Paisajistas y Conservadores (CNAPPC),[126] tuve el honor de coorganizar, el 4 de abril de 2025 en Padua, un evento titulado «La riqueza de las naciones y el papel de la arquitectura para una economía urbana orientada al bienestar humano».[127] La jornada contó con la participación destacada del premio Nobel de Economía, mi colega Paul Krugman, quien ofreció una *lectio magistralis* bajo el título «Deplorable Political Roads» («Desafortunados caminos políticos»), seguida de mi conferencia «El nuevo debate de la proximidad». Ambos enfoques –tanto desde la economía política como desde la arquitectura y el urbanismo–, reflejados en los títulos y contenidos de nuestras intervenciones, ilustran de manera elocuente la encrucijada crítica en la que se encuentran hoy las ciudades iberoamericanas, en un momento decisivo que interpela con urgencia a las agendas urbanas, sociales y ecológicas del mundo.

Ironía de la historia: este evento tuvo lugar en la Universidad de Padua, en el Aula Magna donde el gran científico Galileo Galilei enseñó durante dieciocho años. Frente al oscurantismo religioso del siglo XVII, sus teorías heliocéntricas fueron perseguidas, y él mismo fue juzgado y condenado por sostenerlas. Es bien conocida su célebre frase «*E pur si muove*» («y sin embargo se mueve»), pronunciada tras su condena, como símbolo de la resistencia de la razón científica frente a la censura ideológica. Cuatro siglos después, la humanidad se enfrenta nuevamente a políticas de Estado que, con alarmante similitud, niegan los fundamentos de la ciencia. En varios contextos, se elimina deliberadamente de libros, discursos y espacios públicos toda referencia al cambio climático y al Antropoceno, precisamente cuando estos fenómenos representan una de las mayores amenazas sistémicas para la humanidad. Esta negación, profundamente ideológica, busca invisibilizar los impactos de un modelo de vida urbano basado en la expansión descontrolada, la depredación ambiental y la obsesión por sostener un estilo de vida que ha demostrado ser incompatible con el bienestar colectivo. Hoy, más que nunca, esa convicción científica que defendía Galileo debe ser retomada como un llamado a la razón, a la acción y al compromiso con la verdad, basada en la ciencia, frente a los desafíos existenciales de nuestro tiempo.

Cuando los estados renuncian a su misión fundamental de proteger el bien común, y en su lugar promueven políticas orientadas a beneficiar intereses particulares, alimentando un clima anticientífico y tolerando –o incluso incentivando– la segregación social y la exclusión basadas en el color de piel o los orígenes étnicos, se traicionan a sí mismos. Al hacerlo, socavan los principios que justifican su propia existencia como estructuras políticas y sociales al servicio de sus pueblos. Como lo ha recordado con frecuencia Saskia Sassen,[128] los imperios, los reinos y las naciones han surgido y desaparecido a lo largo de la historia. En cambio, las ciudades, por su naturaleza, no solo han perdurado, sino que continúan expandiéndose, consolidándose como los espacios centrales de la vida humana en un mundo que hoy es mayoritariamente urbano.

Ante la creciente renuncia –explícita o encubierta– de muchos estados a ejercer su responsabilidad fundamental de proteger el bien común, garantizar derechos y salvaguardar los equilibrios ecológicos y sociales, las ciudades emergen como espacios políticos esenciales con agendas propias para rearticular la acción pública desde lo local. En contextos donde los gobiernos nacionales promueven agendas regresivas, niegan la evidencia científica o desmantelan políticas ambientales y sociales, son las ciudades las que, cada vez más, asumen el papel de contrapeso institucional y ético. Su cercanía con la vida cotidiana, su capacidad de innovación y su contacto directo con las demandas ciudadanas, les permiten desplegar respuestas concretas, muchas veces en solitario o a través de oportunas redes de ciudades, frente a desafíos globales como el cambio climático, la desigualdad, la salud pública o la crisis del hábitat. En este escenario, la ciudad no es solo un espacio de resistencia, también es un laboratorio de alternativas, donde se ensayan formas más democráticas, inclusivas y sostenibles de gobernar lo común. Frente a la ausencia o inacción de los estados, el protagonismo urbano se convierte en una condición necesaria para la defensa de la vida, los derechos y el futuro compartido.

Allí donde los estados ejercen con responsabilidad su misión de proteger el bien común, las ciudades se convierten en aliadas estratégicas insustituibles, capaces de traducir esas orientaciones políticas en realidades tangibles a escala territorial. Su proximidad con la ciudadanía, su conocimiento del territorio y su capacidad de innovación social les otorgan un papel fundamental para adaptar, implementar y profundizar las políticas públicas nacionales o regionales en contextos urbanos diversos. Pero, más allá de la función operativa, lo que está en juego es la posibilidad de transformar estructuralmente el modo de vida urbano, reorientándolo hacia la proximidad, la equidad territorial y la desaturación de las ciudades, entendida como un proceso de redistribución espacial de categorías sociales, funciones, tiempos y recursos. En este sentido, los planes urbanos, de ordenamiento territorial y de desarrollo local no deben ser simples instrumentos técnicos subordinados, sino componentes fundamentales de una arquitectura política multinivel, en la que el Estado –ya sea nacional, regional o federal– y los gobiernos locales trabajen en complementariedad. Esta cooperación debe estar guiada por un principio claro: poner el bienestar de los ciudadanos en el centro de las decisiones, mediante políticas que promuevan la accesibilidad, el cuidado, la sostenibilidad ambiental y la justicia espacial y temporal como condiciones básicas de una vida urbana digna en el siglo XXI.

El peso de las ciudades en Iberoamérica

América Latina es claramente –y las cifras, entre ellas de ONU-Hábitat,[129] lo confirman– la región en desarrollo más urbanizada del mundo, con un índice que supera el 81 %. Países como Argentina (92 %), Uruguay (95 %), Chile (89 %) y Brasil (87 %) han alcanzado niveles de urbanización superiores a los de muchas economías desarrolladas, nos dice la CEPAL.[130] Este fenómeno ha ocurrido en un plazo históricamente breve: en apenas cincuenta años, el continente ha pasado de ser predominantemente rural a convertirse en una región de ciudades, en las que se concentra hoy la mayor parte de la actividad económica, la innovación social, pero también los grandes desafíos estructurales.

Esta transición ha desplazado el centro de gravedad de la vida política, económica y cultural del campo a la ciudad. Como señala igualmente la CEPAL en un informe de 2021,[131] este proceso ha estado acompañado de profundas desigualdades socioespaciales, una urbanización muchas veces informal y una presión creciente sobre los sistemas ambientales urbanos. Las ciudades latinoamericanas son hoy el espacio donde se juegan los grandes dilemas del desarrollo: desde el acceso equitativo al hábitat, la movilidad sostenible y la gobernanza democrática, hasta la seguridad ciudadana, la resiliencia climática y la justicia territorial. En este escenario, la planificación urbana orientada al bienestar humano se vuelve imprescindible para redefinir el bien común desde las necesidades concretas de la vida urbana.

La península ibérica comparte una trayectoria paralela, aunque con especificidades históricas y económicas. Tanto en España como en Portugal, el proceso de urbanización se aceleró notablemente a partir de la segunda mitad del siglo xx, consolidando una alta densidad de vidas urbanas, donde las ciudades medianas y pequeñas cumplen un papel estructurante en la articulación del territorio, como por ejemplo lo muestra el Banco Mundial en un estudio[132] comparativo publicado en 2020. En estos países, como en América Latina, la ciudad se ha transformado en el escenario principal para pensar y ejercer derechos, desde la vivienda y el trabajo hasta la cultura y el cuidado.

La proximidad como horizonte de transformación

Es en este contexto compartido que el concepto de proximidad cobra relevancia como horizonte de transformación. Frente a las crisis ecológicas, económicas y sociales que afectan a ambos lados del Atlántico, la proximidad no es solo una respuesta urbana funcional, sino una propuesta política y cultural que busca rearticular el tejido de lo cotidiano con los sistemas estructurales. Proximidad significa repensar el territorio desde las necesidades reales de las personas: su tiempo, sus cuidados, sus relaciones y su arraigo. Tal como sostiene ONU-Hábitat:[133] «Las ciudades deben implementar las mejores prácticas y herramientas de políticas, como la planificación de vecindarios sostenibles, el concepto de ciudad de 15 minutos y los planes de movilidad urbana sostenible que han sido efectivos para hacer que las ciudades sean más resilientes». En un mundo crecientemente urbano, recuperar el pulso de lo cercano se vuelve clave para imaginar una ciudad más vivible, equitativa y sustentable.

Uno de los principales llamados del informe *El peso de las ciudades en América Latina y el Caribe*,[134] publicado por el Programa de las Naciones Unidas para el Medio Ambiente, PNUMA, en 2021, es la necesidad urgente de adoptar modelos urbanos policéntricos que contrarresten los efectos negativos de la expansión urbana extensiva y desarticulada que ha predominado en la región. A lo largo de las últimas décadas, muchas ciudades latinoamericanas han crecido bajo una lógica de dispersión espacial, con desarrollos habitacionales alejados de los centros de empleo, servicios y equipamientos, lo que ha incrementado la dependencia del transporte motorizado, el consumo de recursos y las desigualdades territoriales. Frente a este escenario, el policentrismo se presenta como una estrategia clave para reorganizar las ciudades desde dentro, promoviendo centralidades múltiples, diversas y conectadas, capaces de alojar de forma equilibrada la vida cotidiana en términos de vivienda, trabajo, cuidado, educación y cultura. Esta transición no solo responde a principios de eficiencia urbana y sostenibilidad ambiental, sino que también se alinea con un horizonte de justicia espacial y temporal, en el que el bienestar urbano no esté determinado por el lugar que se habita dentro del territorio. En ese sentido, el policentrismo constituye un eje estratégico para repensar la estructura de las ciudades latinoamericanas, promoviendo proximidad, mixtura y cohesión social con resiliencia urbana –proxiliencia, tal como lo propongo–, como principios rectores de un nuevo pacto territorial para el siglo XXI.

Ecosistemas urbanos del siglo XXI: metabolismo socioeconómico regenerativo y circularidad

El avance hacia un modelo urbano policéntrico está estrechamente vinculado con la necesidad de consolidar una economía circular en las ciudades latinoamericanas, como lo precisa el informe del PNUMA y lo destaca el *Llamado a la acción* del XII Foro Mundial Urbano organizado por ONU-Hábitat en noviembre de 2024 en El Cairo (citado en el capítulo 4). A diferencia del modelo lineal de producción y consumo –basado en extraer, usar y desechar–, la economía circular propone reducir la presión sobre los recursos naturales mediante la reutilización, el reciclaje, la regeneración de materiales y la minimización de residuos. En un contexto urbano, esto implica repensar profundamente los sistemas de construcción, movilidad, gestión de residuos, abastecimiento alimentario y diseño de espacios públicos. La implementación de esta lógica requiere ciudades compactas, conectadas y multifuncionales, donde las distancias sean más cortas y los circuitos económicos más localizados. Desde esta perspectiva, la policentralidad urbana no es solo una estrategia de ordenamiento territorial, sino un condicionante estructural para viabilizar flujos circulares de materiales, energía y servicios. Ciudades más densas y diversificadas –capaces de cerrar ciclos en escalas intermedias– resultan más propicias para desplegar sistemas de economía circular eficaces, generar empleo verde, reducir la huella ecológica urbana y aumentar la resiliencia social frente a crisis ambientales o económicas. En América Latina, donde la urbanización ha estado marcada por altos niveles de informalidad y desigualdad, la economía circular ofrece además una oportunidad para incluir a actores marginados –como recicladores, pequeños productores o cooperativas locales– en nuevos esquemas de producción y consumo sostenibles, reforzando así la dimensión social del desarrollo urbano regenerativo.

Del profesor Muhammad Yunus al profesor Paul Krugman

En mi trayectoria profesional, he tenido el enorme placer de compartir intelectualmente con dos grandes personalidades galardonadas con el Premio Nobel. Con Muhammad Yunus, autor del libro *Un mundo de tres ceros*[135] –obra que ha sido una fuente constante de inspiración–, he tenido numerosos encuentros especialmente enriquecedores. Con Paul Krugman he compartido en la Regional Science Association y hemos conversado sobre su teoría de la «nueva economía geográfica» (NEG). Este diálogo ha sido plasmado en un reciente texto conjunto.[136]

En más de una ocasión he sostenido con ambos pensadores debates y reflexiones sobre la circularidad social y la regeneración de la economía en entornos de proximidad, y en ellos hemos coincidido en que el curso de las políticas internacionales –marcado, entre otros factores, por la guerra económica impulsada por la administración Trump mediante la imposición de aranceles al comercio global– ha contribuido a legitimar la necesidad de construir ecosistemas locales abiertos de creación de valor económico y social. En este contexto, cobran especial relevancia los circuitos cortos, el aprovechamiento de materias primas locales, la recuperación de saberes tradicionales y la activación de capacidades regenerativas en los territorios de proximidad.

Esto se traduce en la proposición de una «nueva economía geográfica de la proximidad sostenible», entendida como transformación de los modelos de creación de valor que permitan hacer énfasis en la valoración de la proximidad como eje de revitalización en esta triple convergencia, económica y social.

¿El agua?

Una de las dimensiones más críticas del metabolismo urbano en América Latina es la gestión del agua, concebida no solo como recurso natural indispensable, sino como indicador de sostenibilidad estructural de los modelos de urbanización vigentes. El ya citado estudio del PNUMA advierte que, sin una transformación sistémica de los patrones de consumo, ocupación del suelo y planificación urbana, la región se enfrentará a una creciente escasez hídrica y deterioro ecosistémico. El caso de una de las grandes capitales de América Latina, Bogotá, es paradigmático. En 2024 y 2025, la ciudad ha vivido una de sus crisis hídricas más graves en décadas,[137] con racionamientos de agua prolongados que afectan a millones de habitantes. Esta situación, agravada por el cambio climático y la sobreexplotación de los embalses que la abastecen, ocurre paradójicamente en un momento de voluntad expansiva y constructiva hacia el norte de la ciudad, precisamente sobre zonas ambientalmente sensibles donde se localizan humedales y áreas de recarga hídrica. Esta contradicción entre escasez y expansión pone en evidencia la falta de coherencia entre la planificación territorial y la gestión integral del recurso hídrico. La lógica de crecimiento inmobiliario desregulado no solo incrementa la demanda de agua potable, también compromete gravemente los ecosistemas que regulan el ciclo hídrico urbano. Frente a este escenario, el enfoque propuesto por el PNUMA –basado en la restauración de cuencas, la reutilización de aguas grises, la protección de fuentes naturales y el diseño urbano hídrico– no puede ser un complemento, sino un pilar central de la política urbana. Sin una transición hacia un modelo de ciudad que cuide y regenere su relación con el agua, las ciudades latinoamericanas no solo pondrán en riesgo su sostenibilidad ambiental, sino también su viabilidad social y económica.

¿El aire?

Del 25 al 27 de marzo de 2025, se celebró en Cartagena, Colombia, la Segunda Conferencia Mundial sobre Contaminación del Aire y Salud, organizada por la Organización Mundial de la Salud (OMS). Este encuentro internacional reunió a ministros de Salud, Medio Ambiente y Energía, así como a expertos de agencias multilaterales, con el propósito de reforzar el compromiso global frente a una amenaza silenciosa pero persistente: la mala calidad del aire urbano. En este contexto, América Latina fue señalada como una de las regiones más afectadas, donde más del 95 % de las ciudades superan los límites recomendados de contaminación atmosférica,[138] incidiendo de forma directa en la salud pública y el bienestar colectivo.

Un caso paradigmático es el de São Paulo, la mayor metrópoli de América del Sur, que concentra más de 20 millones de habitantes en su área metropolitana. Pese a contar con una red robusta de transporte público y normativas ambientales progresivas, la ciudad enfrenta episodios recurrentes de mala calidad del aire, especialmente en áreas cercanas a corredores viales y zonas industriales.[139] Según mediciones oficiales, los niveles de partículas finas (PM2.5) pueden triplicar los valores guía de la OMS, generando impactos significativos en términos de enfermedades respiratorias, cardiovasculares y mortalidad prematura.[140] Esta contaminación afecta de forma desigual a los sectores más vulnerables, que viven en condiciones de mayor exposición y con menos acceso a servicios de salud.

La conferencia de Cartagena subrayó que el aire limpio debe ser considerado un derecho humano básico, inseparable de cualquier agenda de desarrollo urbano sostenible. Para ello, se planteó la necesidad de transformar el modelo de ciudad mediante la electrificación del transporte, la expansión de espacios verdes, la descentralización de servicios esenciales y el rediseño urbano centrado en la salud. En ciudades como São Paulo, esta transición requiere no solo innovación tecnológica o reformas normativas, sino también una reconfiguración profunda del tejido urbano, que reconozca que la lucha por la calidad del aire es también una lucha por la equidad territorial, el cuidado colectivo y el futuro mismo de la vida urbana en América Latina.

Tejer la ciudad: el pensamiento sistémico para la praxis urbana (homenaje a Edgar Morin)

Hemos expuesto cómo las estrategias urbanas del siglo XXI no pueden seguir desarrollándose desde enfoques sectoriales o fragmentarios. La complejidad de la ciudad y del territorio exige un pensamiento transversal, relacional y sistémico, capaz de abordar simultáneamente las múltiples dimensiones que configuran la vida urbana: vivienda, movilidad, salud, economía, educación, cultura, medio ambiente, cuidados. La raíz latina del verbo *complectere* –de donde proviene «complejidad»– significa precisamente «tejer juntos», y es desde esa comprensión profunda que debemos construir las políticas urbanas: como tejidos entrelazados de saberes, escalas, actores y temporalidades. He tenido el honor de compartir reflexiones sobre la ciudad con el gran pensador francés Edgar Morin, padre del pensamiento complejo –tal es su contribución universal–, quien nos ha enseñado la importancia vital de este pensamiento sistémico: «La característica de un conocimiento y un pensamiento complejo es que requieren conectar conocimientos que hoy en día están separados y compartimentados. Se trata de saber cómo conectarlos, y ahí está todo el problema».

Esta reflexión exige un pensamiento estructurado, riguroso y abierto, que combine trabajo interdisciplinario, construcción colectiva y una proyección clara hacia el futuro. No se trata solo de imaginar nuevos modelos urbanos, también es hacerlo desde una comprensión profunda de nuestro pasado, de nuestras raíces históricas y culturales, para saber desde dónde venimos y hacia dónde queremos ir. La planificación urbana no puede apoyarse en opiniones subjetivas, dogmas ideológicos, creencias o recetas partidarias sin fundamento, sino en métodos sustentados en el conocimiento científico, en diálogo permanente con la experiencia ciudadana y con las diversas ramas del saber.

En este esfuerzo por habitar la complejidad del fenómeno urbano, Edgar Morin nos recuerda que pensar la ciudad es asumir su naturaleza sistémica, tejiendo sus múltiples dimensiones en una visión integradora, ética y humana. Es desde este enfoque que debemos construir las metodologías que guíen nuestras decisiones en el presente y nuestras proyecciones hacia un futuro habitable: «Debido a que actualmente la tendencia dominante es el pensamiento reduccionista, la ciudad se reduce únicamente a cuestiones de arquitectura, urbanismo y circulación. No se trata de reducir el problema humano a estos factores, hay que verlo en todos sus aspectos. Y la característica de la ciudad es considerar todos los aspectos positivos y negativos de la vida urbana. No son solo interacciones, son conjuntos de retroalimentación. Del mismo modo, se puede decir que cada individuo no solo está en la sociedad, sino que la sociedad está en él. Y no solamente estamos en la ciudad, sino que la ciudad está en nosotros, la ciudad está dentro de nosotros. Hay que hacer frente a exigencias contradictorias, especialmente en las ciudades. Es necesario saber afrontarlas, no basta con decir que hay que relacionar las cosas entre sí. Por supuesto, se necesita un método».[141]

Ciudades próximas, territorios vivos: decálogo para una transformación urbana y territorial iberoamericana desde la proximidad y el bien común

A lo largo de los años, estas enseñanzas han alimentado una reflexión que me llevó a estructurar y formalizar una propuesta de proximidad y policentrismo en ciudades y territorios interconectados, no como conceptos aislados, sino como ejes estructurantes de un paradigma urbano alternativo. Hoy propongo este enfoque como contribución al pensamiento y acción para el espacio iberoamericano, convencido de que solo a través de una mirada holística podremos reconfigurar nuestras formas de habitar de manera justa, resiliente y humana.

El 21 de octubre de 2023,[142] en una sesión solemne en Roma, celebrada en el Parlamento italiano, fue presentado públicamente el «Decálogo para reimaginar los espacios urbanos y territoriales en Italia», elaborado por el Comité Científico del Consejo Nacional de Arquitectos, Urbanistas, Paisajistas y Conservadores[143] (CNAPPC) que tuve el honor de proponer. Este documento, concebido en el marco del proyecto «Italia en proximidad: el futuro de la planificación urbana y territorial», representa un esfuerzo colectivo por delinear una visión renovada del urbanismo contemporáneo, centrada en la escala humana, la sostenibilidad, la cohesión social y la calidad de vida. En un contexto global marcado por desequilibrios territoriales, transiciones ecológicas urgentes y transformaciones en los modos de habitar, el decálogo propuso una hoja de ruta clara para repensar el territorio desde la proximidad y la resiliencia.

Ahora surge la necesidad de ampliar su alcance hacia el espacio iberoamericano, donde muchas de las problemáticas abordadas –como la expansión urbana descontrolada, la fragmentación social, la crisis ambiental o la desigualdad territorial– se expresan con particular intensidad y urgencia. La riqueza y diversidad de los contextos urbanos y rurales en Iberoamérica, que incluye tanto a América Latina como a la península ibérica, demandan estrategias adaptadas pero articuladas, capaces de impulsar una transformación profunda del modelo de ciudad y territorio dominante.

El presente decálogo que propongo también para Iberoamérica se inscribe en ese horizonte. Retoma los principios fundamentales propuestos por el CNAPPC y los traduce al lenguaje, los desafíos y oportunidades de nuestros territorios, reconociendo que la proximidad, la equidad y la sostenibilidad no son simplemente valores deseables, sino condiciones imprescindibles para construir una vida urbana y territorial viable en el siglo XXI. En un momento en que se redefine el sentido mismo del desarrollo y progreso, esta propuesta busca contribuir a una estrategia común de reconfiguración de nuestras formas de habitar, desde lo cotidiano hasta lo estructural, y desde lo local hasta lo regional, con el bienestar colectivo como brújula.

La transformación acelerada de las ciudades y territorios en Iberoamérica plantea, con una intensidad inédita, la necesidad de repensar el modelo de desarrollo urbano vigente. En un contexto marcado por la crisis climática, la desigualdad estructural, la precarización del hábitat y la sobrecarga de los sistemas urbanos, se hace evidente que el crecimiento expansivo, segmentado y extractivista ya no es viable, ni social ni ambientalmente. Frente a esta encrucijada, se impone una nueva agenda urbana y territorial basada en la proximidad, el cuidado, la equidad y la resiliencia.

Situado en el sur de Europa y América Latina, el espacio iberoamericano comparte desafíos y oportunidades que hacen especialmente pertinente una agenda común, capaz de combinar la memoria histórica con las exigencias del presente.

Este decálogo no pretende ofrecer una receta única ni un modelo cerrado, sino una guía de principios articuladores, útiles para orientar políticas públicas, marcos normativos, instrumentos de planificación y prácticas profesionales en distintos niveles de gobierno y sociedad civil. Su propósito es contribuir al diseño de formas urbanas y territoriales más justas, habitables y regenerativas, capaces de responder a los desafíos del siglo XXI sin reproducir las lógicas de exclusión, fragmentación y sobreconsumo que han caracterizado a buena parte del urbanismo moderno.

1. CONSTRUIR UN ENFOQUE DE VIVIENDA ABORDABLE CON SERVICIOS DE PROXIMIDAD

Promover un modelo en el que la vivienda sea asequible, digna y bien situada, integrada a barrios con servicios esenciales, equipamientos y oportunidades de vida cotidiana. Esto exige políticas públicas que combinen acceso justo al suelo, planificación con usos mixtos y regeneración de tejidos urbanos existentes. La vivienda debe dejar de ser tratada como mercancía para ser reconocida como un derecho fundamental vinculado a la centralidad de la vida cotidiana. Garantizar vivienda con proximidad es garantizar tiempo, salud, acceso a oportunidades y tejido comunitario.

2. EXTENDER LA LÓGICA DE LA PROXIMIDAD A LOS TERRITORIOS DE MEDIA Y BAJA DENSIDAD

Ampliar el principio de la «ciudad de 15 minutos», de la «ciudad de x minutos», de la ciudad de proximidad, hacia territorios policéntricos e interconectados, donde pueblos, ciudades intermedias y áreas rurales estén integrados por redes funcionales que reduzcan brechas históricas. Esto permite equilibrar la distribución de servicios y oportunidades, fortalecer economías locales y evitar flujos migratorios forzados hacia las grandes ciudades. Un «territorio de 30 minutos o territorio de proximidad» es también un territorio de cuidados, de arraigo y de territorialidad compartida.

3. REORIENTAR LA MOVILIDAD HACIA MODELOS SOSTENIBLES, ACCESIBLES Y MULTIMODALES

Transformar la movilidad desde la lógica del automóvil hacia sistemas que prioricen el caminar, la bicicleta y el transporte público bajo en carbono, con equidad y accesibilidad universal. Las ciudades y territorios deben ofrecer alternativas seguras, económicas y ecológicas que respeten el derecho al tiempo y a la movilidad libre. Un sistema multimodal bien articulado es clave para reducir emisiones, mejorar la salud y reconectar fragmentos urbanos hoy separados por barreras físicas o sociales.

4. CUIDAR Y EXPANDIR LOS ESPACIOS PÚBLICOS Y LAS INFRAESTRUCTURAS VERDES

Revalorizar plazas, parques, calles y redes verdes como elementos estructurantes del bienestar social y ambiental. El espacio público debe ser entendido como espacio político de encuentro, diversidad y convivencia, garantizando su acceso libre, seguro y equitativo. Las infraestructuras verdes, además, cumplen funciones esenciales de adaptación climática, regulación hídrica y recuperación del vínculo con la naturaleza urbana.

5. FORTALECER LAS ECONOMÍAS LOCALES Y LOS CIRCUITOS DE PRODUCCIÓN DE PROXIMIDAD

Impulsar circuitos económicos de proximidad que promuevan el empleo digno, la producción sostenible y la autosuficiencia alimentaria y energética. Fortalecer el comercio local, las ferias, los oficios tradicionales y las iniciativas cooperativas permite redistribuir riqueza y activar redes de solidaridad. La economía de proximidad no es un resabio del pasado, sino una apuesta por el futuro resiliente de nuestras ciudades y territorios.

6. Democratizar la planificación territorial con participación real y vinculante

Reconocer a la ciudadanía como protagonista en la construcción del territorio, garantizando procesos participativos incluyentes, transparentes y vinculantes. Escuchar a los barrios, a las comunidades rurales, a las mujeres, a los pueblos originarios y a la juventud, es clave para que la planificación no reproduzca desigualdades estructurales. La participación no es solo un mecanismo técnico, es una forma de construir legitimidad, corresponsabilidad y pertenencia.

7. Usar la tecnología para el bienestar colectivo, no solo la eficiencia

Desplegar tecnologías digitales centradas en el bien común, que mejoren los servicios públicos, el acceso a la información y la gestión colaborativa del territorio. Frente al riesgo de una brecha digital creciente, es imprescindible promover alfabetización digital, gobernanza abierta y soberanía tecnológica. La tecnología debe ponerse al servicio de una ciudad más humana, sensible y adaptativa, no solo de la automatización sin conciencia social.

8. Planificar desde la resiliencia y la adaptación climática

Incorporar el cambio climático como criterio transversal del diseño urbano y territorial, con políticas de mitigación, adaptación y regeneración ecosistémica. Esto implica proteger cuencas hidrográficas, así como preservarlas zonas húmedas, ríos, lagos, ecosistemas acuíferos, restaurar suelos, reducir emisiones y fortalecer infraestructuras de cuidado colectivo frente a desastres. La resiliencia no se construye solo con obras, sino con proximidad –la proxiliencia–, con vínculos, con memoria social y con una cultura de prevención profundamente democrática.

9. PONER EL BIENESTAR, LOS CUIDADOS Y LA EQUIDAD TERRITORIAL EN EL CENTRO

Redefinir el urbanismo como garantía del bienestar, desde el cuidado hasta el acceso equitativo a salud, educación, cultura, movilidad, vivienda y alimentación. Los territorios deben permitir vivir bien a todas las personas, sin importar su género, edad, origen, condición o ubicación. El bienestar no puede seguir siendo un privilegio de pocos; ha de ser una política estructural tejida con justicia espacial, temporal y sensibilidad humana.

10. RENOVAR LOS MARCOS DE GOBERNANZA Y LAS POLÍTICAS PÚBLICAS PARA EL SIGLO XXI

Actualizar la institucionalidad urbana y territorial para que permita una gobernanza transparente, ética y democrática, que responda a desafíos complejos y cambiantes. La articulación entre gobiernos locales, regionales y nacionales, junto con la participación ciudadana activa, es condición para construir una visión compartida. Se requiere valentía política para luchar contra la corrupción, el nepotismo y los favoritismos, para descentralizar y para innovar, abriendo caminos para una nueva cultura del gobierno del territorio.

Superar la ciudad de las distancias: habitar la proximidad como derecho urbano

En el prólogo de uno de mis libros,[144] el sociólogo y pensador Richard Sennett escribió que «la distancia es el vicio de la ciudad», y argumentaba que, «cuanto más extensa y dispersa es la ciudad, más aumentan las desigualdades; los ricos tienen la posibilidad de territorializar su poder, de homogeneizarlo y de concentrarlo, mientras que los barrios pobres son desentendidos o eliminados sistemáticamente».

Reimaginar los espacios urbanos y territoriales en clave de proximidad no es un gesto técnico ni una declaración retórica, sino una toma de posición política, ética y epistemológica frente a un modelo de desarrollo urbano que ha agotado su legitimidad social y su viabilidad ecológica. La proximidad, entendida como categoría espacial, relacional y política, ofrece una vía concreta para reorganizar la vida urbana y territorial en función del bien común, la justicia espacial, el bienestar y el cuidado de la vida. No se trata solo de acercar funciones urbanas, sino de recomponer vínculos, reducir desigualdades y restituir a las personas su capacidad de habitar con dignidad.

En este horizonte, proponemos avanzar hacia un pacto por la proximidad, que reconozca la necesidad de actuar simultáneamente desde la calle, el barrio, el distrito, la ciudad, el territorio y la región. Este pacto debe articular actores públicos, sociales, comunitarios y académicos en torno a un nuevo contrato urbano y territorial, que coloque en el centro el bienestar cotidiano, la regeneración de lo común y la proxiliencia frente a crisis múltiples. Se trata de construir un entramado de políticas públicas integradas que superen la fragmentación sectorial, respeten la diversidad de contextos y permitan diseñar ciudades y territorios que respiren a escala humana.

Las ciudades y los territorios iberoamericanos están llamados a jugar un papel de vanguardia en esta transición. Frente a la inercia de ciertos estados y a las lógicas globales que imponen modelos disociados de los territorios, los gobiernos locales, las comunidades organizadas, las universidades, los movimientos sociales y los profesionales del hábitat pueden constituir una alianza estratégica para una transición urbana justa. Esto requiere reconstruir pactos institucionales, democratizar la planificación, innovar en los marcos normativos y reimaginar el rol de lo público como garante del derecho a habitar.

Este decálogo no es solo una hoja de ruta conceptual; es una invitación a la acción colectiva y una contribución política desde el pensamiento crítico y el compromiso transformador. Que la proximidad, en todas sus escalas, se convierta en la brújula que guíe nuestras decisiones, nuestras prácticas y nuestros pactos para el siglo XXI.

Solo comprendiendo la ciudad como un entramado de vínculos humanos, tiempos compartidos y espacios significativos podremos dar el salto necesario hacia un modelo urbano más justo, saludable y habitable. El desafío no es solo técnico ni político: es profundamente cultural. De eso se trata hoy –y se tratará mañana–: de transformar la distancia urbana en proximidad vital, y así construir una nueva cultura del habitar.

Epílogo

Durante muchos años he tarareado, con emoción, la inolvidable «Canción con todos» popularizada en la voz de Mercedes Sosa, que dice:

Salgo a caminar
por la cintura cósmica del sur.
Piso en la región
más vegetal del viento y de la luz.
Siento al caminar
toda la piel de América en mi piel
y anda en mi sangre un río
que libera en mi voz
su caudal...

Es un canto a la fuerza de la vida en América Latina. Dondequiera que se esté en este continente, esta canción evoca una tierra viva, fértil y herida a la vez, cuya transformación acelerada encierra una complejidad que desafía toda simplificación. Hoy, ese mismo continente es sobre todo una red de ciudades en proceso de cambio constante, donde lo ancestral y lo contemporáneo se entrecruzan a diario. Un territorio indefectiblemente entrelazado con su pasado ibérico –español o portugués–, cuyas huellas siguen presentes, persistentes, en los lenguajes, las costumbres, las formas de habitar y de soñar.

Siguiendo con esa nostalgia artística que atraviesa generaciones, no cabe duda de que Joan Manuel Serrat ha sido uno de los puentes culturales más profundos y duraderos entre las dos orillas del Atlántico. Su despedida de los escenarios en 2023, a los 79 años, con la gira «El vicio de cantar (1965–2022)», dejó un testimonio imperecedero de su impacto tanto en España como en América Latina, donde su voz, su palabra y su sensibilidad han tejido lazos de complicidad, memoria y pertenencia. Serrat es español y catalán, símbolo de Barcelona, pero también latinoamericano por afinidad emocional, por geografía afectiva y por destino compartido. En su obra se encarna esa identidad doble y plural, profundamente humana, que une culturas más allá de los mapas. Su canción «Vagabundear» ha representado para mí, desde siempre, esa conexión extraordinaria entre un lugar habitado y la felicidad de estar allí, en ese instante preciso, con la alegría simple de vivir y compartir. En su letra –como en su vida– se respira una ética de la presencia, de la hospitalidad, de la proximidad. «No me siento extranjero en ningún lugar. Donde haya lumbre y vino tengo mi hogar», canta Serrat, recordándonos que la patria verdadera está en el encuentro, en el calor compartido, en la humanidad vivida sin fronteras.

La proximidad feliz, que he propuesto como un llamado a la acción, es ante todo un canto a la vida. A la posibilidad de estar presentes en lo esencial, de compartir el aquí y el ahora, de reconectar con el placer profundo de habitar el tiempo y el espacio sin fragmentación, sin alienación. Es una reivindicación del derecho a no perder la vida para intentar ganarla, atrapados en horas interminables de transporte que nos alejan del cuidado, del descanso, del vínculo, de nosotros mismos.

Proximidad feliz significa también decir basta a una economía urbana centrada en la velocidad, la eficiencia sin sentido, el consumo compulsivo y la acumulación sin límites. Significa negarse a seguir lesionando, quizá de forma irreversible, los bienes comunes naturales que aún nos sostienen y rehusar sacrificar nuestras vidas personales, familiares y comunitarias en nombre de una productividad vacía, incompatible con el bienestar y la sostenibilidad del planeta.

En un mundo cada vez más urbano y frágil, apostar por la proximidad es apostar por una nueva cultura del habitar, del tiempo digno, de la relocalización de la vida cotidiana, de la armonía entre lo humano y lo territorial, de realzar el cuidado en todas sus dimensiones. Es, en el fondo, un proyecto de esperanza lúcida, de transformación profunda, donde la ciudad deje de ser un espacio de distancia y aislamiento y se convierta en un lugar de reencuentro: de uno consigo mismo, con los otros, con sus lugares de vida.

Ese es el derrotero que hoy propongo, no como utopía abstracta, sino como brújula ética y política para imaginar y construir territorios más justos, cercanos y humanos. Porque una vida vivible –en toda su complejidad– comienza por vivirla cerca.

Un llamado a la acción

Este llamado a cambiar de óptica, de visión, de paradigma, es también un llamado a reencantar la mirada sobre Iberoamérica, entendida no como un espacio periférico que reproduce modelos ajenos, sino como una fuente viva de pensamiento, sensibilidad y transformación del mundo. En ese horizonte, asumo una revolución necesaria: la de la proximidad feliz. Es una propuesta que traza su camino aquí y allá, en ambos lados del Atlántico. En una tierra que ha sabido forjar, desde sus contradicciones y heridas, formas de resistir y de reinventar el habitar. Una tierra donde lo político, lo cotidiano y también lo mágico se entrelazan con intensidad única, dando lugar a una manera singular de ver y transformar lo real.

El Nobel de literatura colombiano, pero exiliado en México, Gabriel García Márquez, en su extraordinaria y topofílica obra *Cien años de soledad*, nos enseñó que la historia puede habitarse como memoria crítica y como posibilidad futura, que el tiempo puede plegarse, reinventarse, expandirse desde un pequeño pueblo hacia la universalidad. Y Jorge Luis Borges, con el realismo mágico, con su infinito juego de espejos y laberintos, nos recordó que la realidad no es una verdad fija, sino una trama que se teje en la forma en que la imaginamos, la narramos y la habitamos. Ambos, como tantos otros creadores latinoamericanos, tendieron puentes culturales con una Europa que no admiraban desde la sumisión, sino desde la reciprocidad. Fueron parte de una Iberoamérica pensante y sensible, que ofreció su visión al mundo desde la complejidad, la lucidez y la belleza.

En esa tradición crítica y creadora se inscribe también este texto y el decálogo propuesto más arriba, como una contribución para repensar el habitar en este siglo XXI. Un llamado a pasar de la nostalgia de lo imposible a la construcción concreta de lo necesario. Un gesto de la rebeldía serena y alegre que nunca ha dejado de habitarme, que afirma que nuestras ciudades y territorios no están condenados al colapso, sino que pueden ser transformados, desde adentro y desde abajo, en escenarios de proximidad, equidad, cuidado y sentido.

Porque no hay transformación sin imaginación, y no hay imaginación sin memoria. Y tal vez, como diría García Márquez, aún estemos a tiempo de «tener una segunda oportunidad sobre la tierra», si aprendemos, juntos, a mirarla con otros ojos y a habitarla con otros ritmos.

A las nuevas generaciones iberoamericanas

Como profesor desde muy temprana edad, la transmisión del conocimiento, el diálogo intergeneracional y el compartir experiencias han estado en el corazón mismo de mi existencia vital. Enseñar no ha sido para mí una ocupación, sino un modo de estar en el mundo. Una forma de entender la vida como algo que se entrega, se intercambia, se cultiva con otros. Por eso, al cerrar este texto, me es indispensable dirigirme a ustedes, jóvenes iberoamericanas e iberoamericanos, que caminan hoy con mirada crítica, con sensibilidad despierta y con un profundo deseo de transformar.

Soy consciente de que mi generación –nuestra generación– está dejando un legado cargado de contradicciones e insostenibilidades, marcado por modelos urbanos fragmentados, lógicas económicas que han agotado el planeta y formas de vida que han deshilachado los vínculos. No lo digo con resignación, sino con la responsabilidad de quien ha sido parte de ese proceso y desea, con sinceridad, ofrecer herramientas para hacerlo distinto.

Porque es con ustedes, y no sin ustedes, que se siembra la esperanza. No como promesa vacía ni como transferencia mecánica de saber, sino como un gesto de confianza activa: en su inteligencia, en su creatividad, en su ética, en su capacidad de conectar lo mejor del pasado con la urgencia del presente, y de imaginar nuevas formas de habitar: más justas y, sobre todo, más humanas.

Les invito –les necesitamos– a construir otra ciudad, otro territorio, otro pacto con la vida. Un pacto donde la proximidad no sea una consigna retórica, sino una práctica cotidiana que reorganice el tiempo, los cuidados, los vínculos y las prioridades. Donde la política no sea vertical ni tecnocrática, sino horizontal, participativa y afectiva. Donde innovar signifique tejer de nuevo, desde otras formas, otras voces, otras escalas.

El decálogo que hemos compartido no pretende ofrecer recetas ni cerrar debates. Muy por el contrario: es una semilla. Y deseo, profundamente, que florezca con ustedes, en cada calle, en cada vecindario, en cada territorio, en cada rincón donde el deseo de vivir bien y en común siga encendido.

El futuro no está escrito. Pero sí puede ser imaginado, diseñado y habitado con dignidad.

Es la hora de los hornos en que no se ha de ver más que la luz

«Es la hora de los hornos en que no se ha de ver más que la luz», decía el poeta cubano José Martí en una carta enviada a su amigo José Dolores Poyo desde Nueva York el 5 de diciembre de 1891. Ese mismo año, a comienzos de enero, fue publicado su célebre ensayo *Nuestra América*, donde Martí sintetiza el espíritu, la historia y la cultura de los pueblos latinoamericanos, y traza un camino de unidad, integración y respeto a la diversidad.

A menudo digo a la juventud, recordando frases que han atravesado siglos de historias cargadas de sabores y sin sabores, que ya Lao Tse, en el siglo VI a.C. enseñaba que «es preferible alumbrar una vela que maldecir las tinieblas». Y las siguientes palabras del sabio andaluz Averroes resuenan hoy con actualidad: «La ignorancia lleva al miedo, el miedo lleva al odio, el odio lleva a la violencia. Esa es la ecuación».

Pero estoy convencido de que en estas contemporáneas velas que se alumbran, y en la solución en estos tiempos difíciles de la ecuación de Averroes, la implicación activa de la juventud, de las nuevas generaciones iberoamericanas, abrirá un nuevo camino. Un camino donde, dejando atrás el modo de vida impuesto en la modernidad del siglo xx –caracterizado por el vicio de la distancia, la fragmentación social, la inequidad económica y las injusticias espaciales y temporales–, podamos reinventar una vida urbana tejida desde el humanismo, transformando radicalmente la cotidianidad para nutrirla con una proximidad feliz que devuelva sentido, cuidado y dignidad a nuestro habitar compartido en las ciudades y los territorios.

Agradecimientos

No quisiera cerrar este libro sin expresar mi profundo agradecimiento a tantas personas –amigas, amigos, colegas– que se reconocerán en los territorios, ciudades, proyectos y momentos que he mencionado aquí. La lista sería demasiado extensa, lo que hace imposible nombrar a cada uno, pero a todas y todos les guardo una gratitud sincera y permanente por su presencia, sus ideas, sus intercambios y su generosidad intelectual y afectiva.

Agradezco especialmente a mi equipo de investigación en el IAE Paris Sorbonne, Université Paris-I-Panthéon-Sorbonne, mi *alma mater*, sin cuyo compromiso, rigor y entusiasmo no habríamos podido llegar tan lejos en el desarrollo de este concepto que comencé a construir en el año 2010. Su trabajo ha sido esencial en el tránsito entre intuiciones y estructuras, entre conceptos, ciencia y aplicación, entre teoría y práctica.

Como siempre lo hago, un agradecimiento, con mi permanente profunda admiración y respeto a una mujer pionera, comprometida y siempre movilizada por el bien común y el futuro sostenible de las ciudades, la alcaldesa de París, Anne Hidalgo. Su amistad y la escucha que siempre me ha prodigado, como le es propio, con los científicos, investigadores y académicos, están al centro de lo que estas ideas han representado como fuerza transformadora, gracias a su empeño por hacerlas realidad en París. *¡Anne, lo sabes, contigo, siempre!*

Una mención muy especial para mi entrañable y fiel amiga de tantas décadas, Ximena Tello, quien con paciencia, sensibilidad y mirada aguda realizó una lectura minuciosa de este manuscrito. Mi agradecimiento a Julio Fajardo y la precisión de sus sugerencias.

A mi *hada madrina*, Sandra Molnar, por su total y leal dedicación para que todo funcione bien y, como siempre, un guiño afectuoso a su pequeño Milo, quien algún día leerá estas páginas.

Termino agradeciendo a aquella que me acompaña cada día, con una paciencia inquebrantable y un apoyo irrestricto. Su presencia luminosa, su sonrisa constante y su compañía han sido, y siguen siendo, un refugio y una fuerza vital. Como lo ha cantado Joan Manuel Serrat, es «la mujer que yo quiero». Gracias a Christine Devillepoix, mi compañera de vida.

Notas

1. Véanse, respectivamente, Mark Cartwright, «Arquitectura inca», *Enciclopedia de la Historia del Mundo*, 2014, <https://www.worldhistory.org/trans/es/1-12524/arquitectura-inca/>; Manuel Aguilar-Moreno, «Arquitectura azteca», *Fundación para el Avance de los Estudios Mesoamericanos (FAMSI)*, 2007, <http://www.famsi.org/spanish/research/aguilar/Aguilar_Arch_Bib_es.pdf>; Nancy Gonlin y Kirk D. French (eds.), *Human Adaptation in Ancient Mesoamerica*, Colorado, University Press of Colorado, 2015.

2. Felipe II, *Ordenanzas de descubrimiento, nueva población y pacificación de las Indias*, Segovia, Consejo de Indias, 1573, <https://www.culturalenergy.org/images/Ordenanzas1573.pdf>.

3. Jesús María Goicoechea Martínez, *La arquitectura de la emigración gallega: morriña y modernidad*, Madrid, Universidad Politécnica de Madrid, 2021, <https://oa.upm.es/68306/1/TFG_Jun21_Goicoechea_Martinez_Jesus_Maria.pdf>.

4. Arturo Almandoz, *Modernización urbana en América Latina: de las grandes aldeas a las metrópolis masificadas*, Santiago de Chile, RIL Editores, 2018, <https://estudiosurbanos.uc.cl/wp-content/uploads/2020/01/9789560104564-Almandoz-2018-Modernización-urbana.pdf>.

5. Carlos Moreno, *La revolución de la proximidad, de la «ciudad mundo» a la «ciudad de 15 minutos»*, Madrid, Alianza Editorial, 2023, y «Proximidad es crucial para calidad de vida», conferencia en la Escuela de Arquitectura, Arte y Diseño en el Tecnologico de Monterrey, 2024, <https://conecta.tec.mx/es/noticias/monterrey/sociedad/proximidad-es-crucial-para-calidad-de-vida-urbanista-carlos-moreno>.

6. Pepe Mujica, «Investidura Doctorado Honoris Causa», discurso en la Universidad Iberoamericana, Ciudad de México, 2019, <https://ibero.mx/prensa/latinoamerica-es-la-historia-de-los-que-empezaron-tarde-mujica-en-la-ibero>.

7. Véanse Izaskun Chinchilla, *La ciudad de los cuidados*, Madrid, Los Libros de la Catarata, 2020; Maite Morteruel, «El entorno urbano y la salud», *Oseki*, 2025, <https://oseki.eus/articulos/el-entorno-urbano-y-la-salud/>; Ángel Cárdenas, «¿Cómo impacta la planeación urbana en la salud?», *CAF-Banco de Desarrollo de América Latina*, 2023, <https://www.caf.com/es/blog/como-impacta-la-planeacion-urbana-en-la-salud/>; Greater Glasgow and Clyde NHS Board, «The Built Environment and Health: An Evidence Review», *Glasgow Centre for Population Health*, 2013, <https://www.gcph.co.uk/assets/000/000/250/BP_11_-_Built_environment_and_health_-_updated_original.pdf?1700036397>; Jingjing Zhong *et al.*, «Role of Built Environments on Physical Activity and Health Promotion», *Frontiers in Public Health*, 2022, <https://www.frontiersin.org/journals/public-health/articles/10.3389/fpubh.2022.950348/full>; Banco Interamericano de Desarrollo, *Los espacios públicos en América Latina y el Caribe: guía práctica para su reactivación en la pospandemia*, Washington D.C., 2022, <https://publications.iadb.org/es/los-espacios-publicos-en-america-latina-y-el-caribe-guia-practica-para-su-reactivacion-en-la>; Susan Thompson, Jennifer L. Kent, «Human health and a sustainable built environment», *Encyclopedia of Sustainable Technologies*, 2024, <https://www.sciencedirect.com/science/article/abs/pii/B9780323903868000450?via%3Dihub=>.

8. Comisión Económica para América Latina y el Caribe (CEPAL), *Pueblos indígenas y afrodescendientes de América Latina y el Caribe*, Santiago de Chile, 2006, <https://repositorio.cepal.org/server/api/core/bitstreams/95123478-89d5-4e1a-84af-30712413a7b4/content>.

9. Teresa Caldeira, «Peripheral Urbanization: Autoconstruction, Transversal Logics, and Politics in Cities of the Global South», *Environment and Planning D: Society and Space*, 2017, <https://journals.sagepub.com/doi/pdf/10.1177/0263775816658479>; Jordi Borja y Zaida Muxi, *El espacio público: ciudad y ciudadanía*, Barcelona, Electa, 2003.

10. Véase Gideon Lasco, «Did Margaret Mead Think a Healed Femur Was the Earliest Sign of Civilization?», *Sapiens*, 2022, <https://www.sapiens.org/culture/margaret-mead-femur/>.

11. Henri Lefebvre, *Le Droit à la ville*, París, Anthropos, 1968.

12. Véase Stephan Pauleit, Michael Kellmann, Jürgen Beckmann, *Creating Urban and Workplace Environments for Recovery and Well-being*, Londres, Routledge, 2024; Franz W. Gatzweiler (ed.), *Urban Health, and Wellbeing Programme: Policy briefs*, Volumen 1, Singapur, Springer International, Sciences Council's Program on Urban Health and WellBeing, 2020; OCDE, *Built Environment through a Well-being Lens*, París, 2023, <https://www.oecd.org/en/publications/2023/11/built-environment-through-a-well-being-lens_deb96f05.html>; Melanie Crane *et al.*, *Transforming cities for sustainability: A health perspective*, Londres, Environment International, volumen 147, 2021, <https://www.sciencedirect.com/science/article/pii/S0160412020323205>.

13. Lee Kuan Yew World City Prize, Singapur, 2016, <https://www.leekuanyewworldcityprize.gov.sg/medellin/>.

14. «Ciudadanía antes que ciudad», entrevista a Sergio Roldán, *Contenedor de arte*, 2018, <https://contenedordearte.org/blog/ciudadania-antes-que-ciudad/>.

15. UN-Habitat, *World Cities Report 2022: Envisaging the Future of Cities*, Nairobi, Programa de las Naciones Unidas para los Asentamientos Humanos, 2022, <https://unhabitat.org/world-cities-report-2022-envisaging-the-future-of-cities>.

16. PNUD, *Las caras cambiantes de la pobreza en América Latina y el Caribe*, 2024, <https://www.undp.org/es/latin-america/blog/las-caras-cambiantes-de-la-pobreza-en-america-latina-y-el-caribe>.

17. Consejo de la Juventud de España (CJE), *Observatorio de Emancipación: primer semestre de 2024*, Madrid, 2024, <https://www.cje.org/observatorio1s2024/>.

18. Richard Matousek, «In Lisbon, Residents Seek a Vote on Banning Airbnb», *Jacobin*, 2024, <https://jacobin.com/2024/08/lisbon-housing-airbnb-ban-tourism>; Claudio Milano y José A. Mansilla (coords.), *Ciudad de vacaciones. Conflictos urbanos en espacios turísticos*, Barcelona, Pol·len, 2019.

19. Julian Gomez, «Social Housing in Vienna: Is it as good as it seems?», *Euronews*, 2024, <https://www.euronews.com/2024/03/08/social-housing-in-vienna-is-it-as-good-as-it-seems>.

20. Luis Alberto Salinas y Michael Janoschka, *Las biopolíticas de la financiarización de la vivienda: una aproximación a las violencias epistémicas del capitalismo financiero*, Ciudad de México, Universidad Nacional Autónoma de México, 2023, <https://revistas.uniandes.edu.co/index.php/res/article/view/1133>; Andrej Holm *et al.* (coords.), *Housing Policy Under the Conditions of Financialisation*, París, Sciences Po Urban School, 2023, <https://www.sciencespo.fr/ecole-urbaine/sites/sciencespo.fr.ecole-urbaine/files/Rapporthousinghopofin.pdf>; Manuel Aalbers, *The Financialization of Housing: A Political Economy Approach*, Londres, Routledge, 2016.

21. Marta Solanas Domínguez, «FUCVAM: cooperativismo de vivienda, de los barrios en Montevideo a una alternativa contrahegemónica en otros Sures», *Interface Journal*, 2017, <http://www.interfacejournal.net/wordpress/wp-content/uploads/2017/07/Interface-9-1-Solanas.pdf>.

22. Consorci de l'Habitatge de Barcelona, *Bolsa de Vivienda de Alquiler de Barcelona*, Barcelona, Ajuntament de Barcelona, 2025, <https://www.consorcihabitatge.barcelona/es/acceso-la-vivienda/bolsa-de-vivienda-de-alquiler-de-barcelona>.

23. Programa de Arrendamento Acessível (PAA), <https://www.portaldahabitacao.pt/arrendamento-acessivel>.

24. Juanfran Álvarez Moreno, *Mietendeckel: La ley que controla los precios del alquiler en Berlín*, Berlín, Berlín Amateurs, 2021, <https://www.berlinamateurs.com/mietendeckel-la-ley-que-controla-los-precios-del-alquiler-en-berlin/>.

25. Luis Bonilla Ortiz-Arrieta y María Jésus Silva, *Asentamientos informales en América Latina: epicentro urbano de los desafíos del desarrollo sostenible*, Comisión Económica para América Latina y el Caribe (CEPAL), 2019, <https://ideas.repec.org/p/ecr/col043/45632.html>.

26. Instituto de Pesquisa Econômica Aplicada (IPEA), *Programa Minha Casa, Minha Vida: Avaliações de aderência ao* déficit habitacional e de *acesso a oportunidades urbanas*, Río de Janeiro, 2023, <https://repositorio.ipea.gov.br/handle/11058/12107 >.

27. Secretaría de Integración Socio Urbana (SISU), *Informe de gestión semestral 2022: integración socio urbana de barrios populares*, Buenos Aires, Ministerio de Desarrollo Social, 2022, <https://www.argentina.gob.ar/sites/default/files/integracion_socio_urbana_de_barrios_populares_informe_primer_semestre_2022.pdf>.

28. MINVU, *Plan de Emergencia Habitacional: Balance 2023*, Santiago de Chile, 2023, <https://www.minvu.gob.cl/plan-de-emergencia-habitacional/>.

29. TECHO-Chile, *Catastro Nacional de Campamentos 2022-2023*, Santiago de Chile, 2023, <https://cl.techo.org/wp-content/uploads/sites/9/2023/03/CNC22-23.pdf>.

30. Alfredo Rodríguez y Ana Sugranye, «La paradoja del subsidio habitacional: una vivienda sin ciudad», *Revista Universitaria UC*, n.° 165, 2023, <https://revistauniversitaria.uc.cl/dossier/la-paradoja-del-subsidio-habitacional-una-vivienda-sin-ciudad/14421>.

31. Marta Solanas Domínguez, *op. cit.*

32. Federación Uruguaya de Cooperativas de Vivienda por Ayuda Mutua (FUCVAM), «Cooperación Sur-Sur: proyección de la experiencia del modelo FUCVAM de cooperativas de vivienda por ayuda mutua», *World Habitat*, 2020, <https://world-habitat.org/es/premios-mundiales-del-habitat/ganadores-y-finalistas/cooperacion-sur-sur-proyeccion-de-la-experiencia-del-modelo-fucvam-de-cooperativas-de-vivienda-por-ayuda-mutua/>.

33. Departamento Administrativo Nacional de Estadística (DANE), *Encuesta de calidad de vida 2022*, Bogotá, 2022, <https://www.youtube.com/watch?v=186STpqkiNY&ab_channel=DANEColombia>.

34. Walter López-Borbón, «La informalidad urbana en los municipios circunvecinos de Bogotá medida a partir del índice de informalidad», *Revista Territorios*, 2023, <http://www.scielo.org.co/scielo.php?script=sci_arttext&pid=S0123-84182023000200006>; Luisa Sotomayor, *Medellín's Integrated Urban Projects, A Planning Tool to Reduce Socio-Spatial Inequality*, Cambridge, Lincoln Institute of Land Policy, 2024, <https://www.lincolninst.edu/publications/working-papers/medellins-integrated-urban-projects/>; Aura María López, *La ciudad*

no planeada: estudio de los asentamientos informales en Cali, Valencia, Universidad Politécnica de Valencia, 2022, <https://riunet.upv.es/entities/publication/29d67a49-eccf-428b-8ba3-003f87b6f6c0>.

35. Ministerio de Vivienda, Ciudad y Territorio, *ABC Programa Casa Digna, Vida Digna*, Bogotá, 2021, <https://www.minvivienda.gov.co/sites/default/files/2021-03/abc_cdvd_2021.pdf>.

36. «El Gobierno de Colombia suspende las postulaciones para el programa Mi Casa Ya», *El País*, Bogotá, 18 de diciembre de 2024, <https://elpais.com/america-colombia/2024-12-18/el-gobierno-de-colombia-suspende-las-postulaciones-para-el-programa-mi-casa-ya.html>.

37. «¿Por qué no habrá subsidio de Mi Casa Ya en 2025?», *Bloomberg Línea*, 28 de enero de 2025, <https://www.bloomberglinea.com/latinoamerica/colombia/por-que-no-habra-subsidio-de-mi-casa-ya-en-2025/>.

38. Ezequiel Melgarejo-Ochoa y Josefina Cuevas-Rodríguez, «El fenómeno del abandono de la vivienda de interés social en México y su impacto en el desarrollo urbano», *Revista Internacional de Desarrollo Regional Sustentable*, 2021, <http://www.rinderesu.com/index.php/rinderesu/article/view/123>.

39. INEGI, *Censo de población y vivienda 2020*, Ciudad de México, 2020.

40. ONU-Hábitat México, *La vivienda en el centro de los ODS en México*, Ciudad de México, 2023, <https://mail.onu-habitat.org.mx/index.php/la-vivienda-en-el-centro-de-los-ods-en-mexico>.

41. ONU-Hábitat, *Reporte del estado de las ciudades de Centroamérica y República Dominicana*, 2023, <https://onu-habitat.org/index.php/reporte-del-estado-de-las-ciudades-de-centroamerica-y-republica-dominicana>.

42. C. Pérez *et al.*, «Un enfoque integral para agua, saneamiento y cuencas hidrográficas en Guatemala», *SEI Report*, <https://doi.org/10.51414/sei2024.017>; «Guatemala: Access to Drinking Water, Urban», *The Global Economy*, 2022, <https://www.theglobaleconomy.com/Guatemala/drinking_water_urban/>.

43. TECHO Honduras, *Informe: censo de asentamientos informales, casco urbano del Distrito Central*, Tegucigalpa,

2018, <https://honduras.techo.org/wp-content/uploads/sites/24/2021/12/Informe-Censo-de-Asentamientos-Informales-Casco-Urbano-DC-Honduras-2018.pdf>.

44. ReliefWeb, *Honduras: Flash Appeal - Tropical Storm Eta*, noviembre de 2020; Amnistía Internacional, *The Devastating Impact of Hurricanes Eta and Iota in Honduras*, diciembre de 2020, <https://reliefweb.int/report/honduras/honduras-flash-appeal-tropical-storm-eta-november-2020>.

45. Colegio Federado de Ingenieros y de Arquitectos de Costa Rica (CFIA), en alianza con la Universidad de Costa Rica (UCR), *Balance y tendencias del sector vivienda 2023,* San José, 2023, <https://cfia.or.cr/site/wp-content/uploads/2024/pdf/descargas/informes/balance-y-tendencias-sector-vivienda.pdf>.

46. «Social housing: absent in Guanacaste's tourist resorts», *Voz de Guanacaste*, octubre de 2024, <https://vozdeguanacaste.com/en/social-housing-absent-in-guanacastes-tourist-resorts/>.

47. «Costa Rica's Residential Property Market Analysis 2024», *Global Property Guide*, julio de 2024, <https://www.globalpropertyguide.com/latin-america/costa-rica/price-history>.

48. Jhonatan Astudillo y Carlos Garcimartín, *Condiciones habitacionales y déficit de vivienda en la década de la construcción de Panamá*, Banco Interamericano de Desarrollo (BID), 2021, <https://publications.iadb.org/es/condiciones-habitacionales-y-deficit-de-vivienda-en-la-decada-de-la-construccion-de-panama>.

49. Carlos Escudero y Azael Carrera, «Vivienda y exclusión social en la ciudad de Panamá», *Revista Societas*, Volumen 26, n.º 1, Universidad de Panamá, enero-junio de 2024, <https://revistas.up.ac.pa/index.php/societas/article/view/4715>.

50. «The ultimate guide to the Panama real estate market», *Pallas*, 2024, <https://pallaslife.com/knowledge/the-ultimate-guide-to-the-panama-real-estate-market/>.

51. Blanca Quesada, «La reacción de la judicatura durante la crisis hipotecaria en España. Una crisis del Estado de Derecho *tout court*», *Eunomía*, n.º 26, 2024, <https://doi.org/10.20318/eunomia.2024.8503>.

52. Mercedes Revuelta, «Los fondos buitre han aterrizado en España de forma masiva comprando vivienda a lo bestia», *CADTM*, 2018, <https://www.cadtm.org/spip.php?page=imprimer&id_article=16101>.

53. «El mercado de la vivienda en España: evolución reciente y problemas de accesibilidad», *Banco de España*, noviembre de 2024, <https://www.bde.es/f/webbe/GAP/Secciones/SalaPrensa/IntervencionesPublicas/DirectoresGenerales/economia/Arc/IIPP-2024-11-18-gavilan-es-or.pdf>.

54. Ministerio de Vivienda, *Boletín especial Vivienda Social 2024*, Madrid, Ministerio de Vivienda y Agenda Urbana, 2025, <https://www.mivau.gob.es/recursos_mfom/comodin/recursos/observatoriodeviviendaysueloboletnespecialviviendasocial2024_0.pdf>.

55. «El precio medio del alquiler se come un 40 % del salario mínimo en España», *El País*, abril de 2024, <https://elpais.com/economia/2024-04-01/el-precio-medio-del-alquiler-se-come-un-40-del-salario-minimo-en-espana.html>; «El alquiler se lleva el 35% de los ingresos en 10 provincias», *EFE*, noviembre de 2024, <https://efe.com/economia/alquiler-lleva-35-ingresos-10-provincias-fuerza-compartir-vivienda/>.

56. FEANTSA, *Seventh Overview of Housing Exclusion in Europe*, Bruselas, 2022, <https://www.feantsa.org/public/user/Resources/reports/2022/Rapport_Europe_GB_2022_V3_Planches_Corrected.pdf>.

57. Housing Europe Observatory, *The State of Housing in Europe 2023*, Bruselas, Housing Europe, 2023, <https://www.housingeurope.eu/the-state-of-the-housing-in-europe-2023/>.

58. «Unaffordable and Inadequate Housing in Europe», *Eurofound*, 2023, <https://www.eurofound.europa.eu/en/publications/2023/unaffordable-and-inadequate-housing-europe>.

59. «Why the Golden Visa presents an opportunity to solve the housing crisis in Spain and Portugal», *Global Citizen Solutions*, 2024, <https://www.globalcitizensolutions.com/intelligence-unit/briefings/why-the-golden-visa-presents-an-opportunity-to-solve-the-housing-crisis-in-spain-and-portugal/>.

60. «The Portuguese Non-Habitual Resident (NHR) Tax Regime», *Centuro Global*, 2024, <https://www.centuroglobal.com/article/portuguese_non_habitual_nhr_tax_regime/>.

61. «Short Term Rentals in Portugal», *Portugal Residency Advisors*, 2025, <https://www.portugalresidencyadvisors.com/short-term-rentals-in-portugal/>.

62. Sofía F. Franco y Carlos Daniel Santos, «The Impact of Airbnb on Residential Property Values and Rents», *Regional Science and Urban Economic*, 2021, <https://www.sciencedirect.com/science/article/abs/pii/S0166046221000272>.

63. Paulo M. M. Rodrigues *et al.*, *Policy Paper: A crise da habitação nas grandes cidades – uma análise*, Fundação Francisco Manuel dos Santos (FFMS), 2023, <https://repositorio-aberto.up.pt/bitstream/10216/161887/2/691328.pdf>.

64. Catarina Fontes y Graça Indias Cordeiro, *Portraying Urban Change in Alfama (Lisbon)*, Lisboa, Cogitatio Press, 2021, <https://www.cogitatiopress.com/urbanplanning/article/view/6073>.

65. OCDE, *Social Rental Housing Stock*, París, OECD Publishing, 2023, <https://www.oecd.org/els/family/ph4-2-social-rental-housing-stock.pdf>.

66. «Mais Habitação: guía-resumen de las nuevas medidas aprobadas», *Idealista News*, julio de 2023, <https://www.idealista.pt/news/imobiliario/habitacao/2023/07/07/58598-mais-habitacao-guia-resumo-das-novas-medidas-ja-aprovadas>.

67. Oscar Civieta, «Luces y sombras de la política de vivienda en Portugal», *La Marea*, agosto de 2023, <https://www.lamarea.com/2023/08/01/luces-y-sombras-de-la-politica-de-vivienda-en-portugal/>.

68. Ángel Cárdenas, «Expert Voices 2025: Access to Sustainable and Affordable Housing», *PennIUR*, 2025, <https://penniur.upenn.edu/publications/expert-voices-2025-access-to-sustainable-and-affordable-housing>; Albert Saiz et al., *Confronting the Housing Challenge in Latin America*, Instituto Tecnológico de Massachusetts (MIT), 2022, <https://cre.mit.edu/wp-content/uploads/2022/09/CONFRONTING-HOUSING-CHALLENGE-I.pdf>; Leticia Marqués Osorio, «The Social Functions of Property in Latin America», *CITEGO*, 2014, <https://www.citego.org/bdf_fiche-document-1356_en.html>; João Sette Whitaker Ferreira *et al.*, «Housing Policies and the Roles of Local Governments in Latin America, Environment & Urbanization», *SAGE*, 2020, <https://journals.sagepub.

com/doi/full/10.1177/0956247820935699>; Simon Tulumello (coord.), *Financialization of Housing in Southern Europe: Policy Analysis and Recommendations*, Universidad de Lisboa, 2021, <https://repositorio.ulisboa.pt/bitstream/10451/46368/1/hous%20fin%20south%20eu_report_final_EN.pdf>; Mike Loftin, «Homeownership Is Affordable Housing», *Urban Institute*, 2020, <https://www.urban.org/sites/default/files/publication/104214/homeownership-is-affordable-housing.pdf>.

69. *VIVIENDA SOCIAL Frenos legales para la participación de privados en las soluciones de vivienda*, Santiago de Chile, Senado de Chile, 2024, <https://tramitacion.senado.cl/appsenado/index.php?mo=transparencia&ac=doctoInforme Asesoria&id=33707>; Marisol Brito Doerr, *Participación del sector privado en la producción de vivienda subsidiada en la región metropolitana de Chile entre los años 1978 y 2018*, Universidad de Chile, 2018, <https://repositorio.uchile.cl/bitstream/handle/2250/178060/participacion-del-sector-privado-en-la-produccion-de-vivienda.pdf?sequence=1>.

70. Edgar E. Ramírez y David Arellano Gault, *Estrategias y dilemas del INFONAVIT y FOVISSSTE en el desarrollo urbano*, Ciudad de México, Gestión y Política Pública, Scielo México, 2014, <https://www.scielo.org.mx/pdf/gpp/v23n1/v23n1a4.pdf>.

71. Alejandro Higuera-Zimbrón y Erika Rivera-Gutiérrez, «Marco referencial de la vivienda social: certificaciones internacionales y sostenibilidad», *Quivera*, Ciudad de México, Redalyc, 2020, <https://www.redalyc.org/journal/401/40165706003/>.

72. Juan David Montoya y Ana María Carvajal, *La vivienda social en Colombia: un análisis desde la inclusión social*, Cali, Universidad Santiago de Cali, 2019, <https://libros.usc.edu.co/index.php/usc/catalog/download/92/206/3595?inline=1>; Ministerio de Vivienda, Ciudad y Territorio, *Informe de rendición de cuentas 2024*, Bogotá, Ministerio de Vivienda, 2024; «Camacol, un agente fundamental en la transformación del país», *Urbana*, 2024, <https://camacol.co/actualidad/publicaciones/revista-urbana/92/portada/camacol-un-agente-fundamental-en-la>; Marcela Rey Hernandez, *Efecto de los subsidios de vivienda del programa «Mi Casa Ya» sobre el mercado de*

vivienda de interés social en Colombia (2015-2021), Universidad de los Andes, 2023, <https://repositorio.uniandes.edu.co/entities/publication/c541bc89-ebf1-4bc5-8256-5b898f916082>; María Clara Mejía Lalinde, *Calidad habitacional en vivienda de interés social en Colombia y la gestión de los constructores*, Universidad de los Andes, 2020, <https://repositorio.uniandes.edu.co/server/api/core/bitstreams/26fe1c41-0961-43b5-b6eb-6f196ceb4dcb/content>.

73. CAF–Banco de Desarrollo de América Latina, *Hacia un mejor acceso a la vivienda en América Latina y el Caribe*, 2022, <https://www.caf.com/es/blog/hacia-un-mejor-acceso-a-la-vivienda-en-america-latina-y-el-caribe/>.

74. ONU-Hábitat, *Elementos de una vivienda adecuada*, 2019, <https://onu-habitat.org/index.php/elementos-de-una-vivienda-adecuada>.

75. OHCHR, *El derecho humano a una vivienda adecuada*, 2020.

76. FUCVAM, *Historia y logros del cooperativismo de vivienda en Uruguay*, 2025, <https://www.fucvam.org.uy/>.

77. Leandro Daich Varela, *Formas de organización cooperativa para la autoconstrucción de vivienda durante la última dictadura militar: Los casos de las cooperativas Copacabana y Madre del Pueblo*, CONICET, 2014, <https://sedici.unlp.edu.ar/handle/10915/55979>.

78. Tomas Capalbo y María Gabriela Merlinsky, *¿Qué producen los dispositivos participativos en las villas? Conflicto y participación en la «integración social urbana» del Barrio Mugica, Buenos Aires (2016-2021)*, Filo Uba, Universidad de Buenos Aires, 2023, <http://repositorio.filo.uba.ar:8080/xmlui/bitstream/handle/filodigital/16614/uba_ffyl_t_2023_se_Capalbo.pdf?sequence=1&isAllowed=y>.

79. Juan Manuel Chicaval, Tomás Alejandro Guevara, *Instrumentos de gestión del suelo: una revisión para promover política* ex ante, Observatorio del Suelo, CONICET, 2024, <https://observatoriosuelo.gba.gob.ar/notas/instrumentos-de-gestion-de-suelo-una-revision-para-promover-politica-ex-ante>; «Banco de Tierras: políticas públicas para vivienda social», Sitio Oficial del Municipio del General Pueyrredón, 2025, <https://www.mardelplata.gob.ar/Contenido/banco-de-tierras>.

80. CAPBA, Ley 14.449: Acceso justo al hábitat, Colegio de Arquitectos de la provincia de Buenos Aires, <https://capbax.org.ar/leyes/#:~:text=LEY%2014.449%20–%20LEY%20DE%20ACCESO%20JUSTO%20AL%20HÁBITAT&text=-Define%20los%20lineamientos%20generales%20de,pobreza%20crítica%20y%20necesidades%20especiales>; Walter Bustos, «Ley 14.449: Implementación en los municipios bonaerenses», *Observatorio Conurbano UNGS*, 2021, <http://observatorioconurbano.ungs.edu.ar/?p=16100>.

81. CONAVI, *Aspectos de atención a población indígena (2019-2024)*, 2024, <https://siesco.conavi.gob.mx/doc/analisis/2024/Aspectos_atenci%C3%B3n_poblaci%C3%B3n_ind%C3%ADgena_Conavi_2019-2024.pdf>.

82. Carlos García Medina, Israel Flores Sandoval y Ulises Gaytán Casas, «Ciudades rurales sustentables: el caso del Estado de Chiapas», *Revista Geográfica de América Central*, volumen 2, n.° 49, Costa Rica, Universidad Nacional, 2012, <https://www.redalyc.org/pdf/4517/451744687007.pdf>; CONAVI, *Cuadernillo Informativo OAXACA*, 2022, <https://siesco.conavi.gob.mx/doc/analisis/Cuadernillos/Cuadernillos%20-%20Oaxaca.pdf>; The Hunger Project México, *Movilización comunitaria para la autosuficiencia impulsa construcción de vivienda en Oaxaca*, 2016, <https://thp.org.mx/derecho-humano-a-vivienda-adecuada/>.

83. «Barcelona launches its first CLT-inspired housing initiative», *Housing Europe*, 2020, <https://www.housingeurope.eu/barcelona-launches-its-first-clt-inspired-housing-initiative/>.

84. «Vienna - European Housing Coop», *Housing Europe*, 2025, <https://housingcoop.eu/resources/cities-across-europe/vienna>.

85. Susane Schindler, «Housing Beyond and Within the Market: Cooperative Conditions in Zurich», *Platform*, 2021, <https://www.platformspace.net/home/housing-beyond-and-within-the-market-part-2-cooperative-conditions-in-zurich>.

86. «Cooperativa de vivienda La Borda», *Arquitectura Viva*, 2022, <https://arquitecturaviva.com/obras/lacol-arquitectura-cooperativa-la-borda-28-en-barcelona-zs6o2>.

87. «Vivienda asequible en Alto do Restelo», *Lisboa Para Pessoas*, 2024, <https://lisboaparapessoas.pt/2024/03/20/lis-

boa-habitacao-acessivel-alto-do-restelo-pra/>; «Lisboa afronta la crisis de la vivienda», *World Economic Forum*, 2024, <https://es.weforum.org/stories/2024/03/asi-es-como-lisboa-y-otras-ciudades-del-mundo-afrontan-la-crisis-de-la-vivienda/>.

88. Mark Pelling, *Adaptation to Climate Change: from Resilience to Transformation*, Abingdon, Routledge, 2011.

89. Sara Meerow y Joshua Newell, «Urban resilience for whom, what, when, where, and why?», *Urban Geography*, 40(3), <https://doi.org/10.1080/02723638.2016.1206395>.

90. ONU-Hábitat, *WUF12 – Call for Action*, El Cairo, 2024, <https://wuf.unhabitat.org/sites/default/files/2024-11/files/cairo-call-to-action-wuf12.pdf>.

91. «Plus de 200 "rues aux écoles" dans Paris», *paris.fr*, 2024, <https://www.paris.fr/pages/57-nouvelles-rues-aux-ecoles-dans-paris-8197>.

92. Jeremy Robert *et al.*, «Estructura urbana y condiciones de movilidad en las periferias populares de Bogotá y Lima», *Revista Territorios*, 2022, <https://doi.org/10.12804/revistas.urosario.edu.co/territorios/a.9942>.

93. Karen Corredor, *Bogotá vertical, arquitectura desigual*, Pontificia Universidad Javeriana, 2025, <https://www.javeriana.edu.co/pesquisa/cultura/>.

94. DANE, *Encuesta de convivencia y seguridad ciudadana 2021*, 2021, <https://cej.org.co/publicaciones/seguridad-ciudadana-de-la-percepcion-a-la-realidad/>.

95. Concejo de Bogotá, *Cámaras de Seguridad en el Sistema Integrado de Transporte Público*, 2024, <https://concejodebogota.gov.co/camaras-de-seguridad-en-el-sistema-integrado-de-transporte-publico/cbogota/2024-09-18/143256.php>.

96. INRIX, *2022 Global Traffic Scorecard, INRIX Research*, enero de 2023, <https://inrix.com/scorecard-2022/>.

97. Lady Carolina Fernández Peña, *Metodología de evaluación multidimensional de la accesibilidad a través del transporte público como expresión de la vulnerabilidad social en Bogotá*, Universidad Nacional de Colombia, 2023, <https://repositorio.unal.edu.co/handle/unal/83918>.

98. Consejo Nacional de Evaluación (CONEVAL), *Medición de pobreza municipal 2020*, INEGI 2020, Universidad Nacional Autónoma de México, *Boletín*, n.° 842, 29 de noviem-

bre de 2018, <https://www.coneval.org.mx/Medicion/Documents/Pobreza_municipal/2020/Presentacion_Pobreza_Municipal_2020.pdf>.

99. OIDP, *Entrevista OIDP: alcaldía Iztapalapa*, Ciudad de México, 2019, <https://www.oidp.net/es/content.php?id=1917>; PAOT, *Programa Delegacional de Desarrollo*, Gobierno de Ciudad de México, octubre 2008.

100. <https://utopias.mx/>.

101. María A. Zaragoza Ramírez, «Las UTOPÍAS de Iztapalapa. Habitar, convivir, apropiar», *Acta Sociológica*, UNAM (94), 2024, <https://www.revistas.unam.mx/index.php/ras/article/view/89582>.

102. Instituto Nacional de Desarrollo Social, Gobierno de México, «Utopías, desarrollo social con enfoque humano y recreativo en la alcaldía Iztapalapa», comunicado, 5 de noviembre de 2021, <https://www.gob.mx/indesol/prensa/utopias-desarrollo-social-con-enfoque-humano-y-recreativo-en-la-alcaldia-iztapalapa?idiom=es>.

103. «UTOPÍAS han alejado de la delincuencia a 100 mil jóvenes de Iztapalapa: Clara Brugada», *Milenio*, 27 de agosto de 2022, <https://www.milenio.com/politica/comunidad/utopias-en-iztapalapa-han-disminuido-la-delincuencia>.

104. Cynthia Stettin, «Clara Brugada: En 2022, 4 millones de personas visitaron las Utopías; vamos por cinco más este año», *El Heraldo*, 17 de mayo de 2023, <https://heraldodemexico.com.mx/nacional/2023/5/17/clara-brugada-en-2022-millones-de-personas-visitaron-las-utopias-vamos-por-cinco-mas-este-ano-506404.html>.

105. Javier Aranda Luna, «Las Utopías de Iztapalapa», *La Jornada*, 23 de julio de 2024, <https://www.jornada.com.mx/2024/07/23/opinion/a04a1cul>; Jefatura de Gobierno de México, «Mensaje de la jefa de Gobierno, Clara Brugada Molina, durante la presentación de las Utopías», 18 de diciembre de 2024, <https://jefaturadegobierno.cdmx.gob.mx/comunicacion/nota/mensaje-de-la-jefa-de-gobierno-clara-brugada-molina-durante-la-presentacion-de-las-utopi>.

106. Observatoire International de la Démocratie Participative, «8th Award Best Practice in Citizen Participation», 2024, <https://www.oidp.net/docs/repo/doc1598.pdf>.

107. Sharon SMoG, «La ONU reconoce a Utopías de Clara Brugada por sus resultados en la lucha contra la desigualdad social», *De Raíz*, 18 de septiembre de 2019, <https://deraiz.media/2023/09/18/la-onu-reconoce-las-utopias-de-clara-brugada-por-sus-resultados-en-combatir-la-desigualdad-social/>.

108. Holcim Award Web, <https://www.holcimfoundation.org/projects/utopia-estrella-iztapalapa>.

109. «The Intersection of Infrastructure and Community: In Conversation with Holcim Award Winner Juan Carlos Cano», *ArchDaily*, 3 de julio de 2024, <https://www.archdaily.com/1018403/the-intersection-of-infrastructure-and-community-in-conversation-with-holcim-award-winner-juan-carlos-cano>.

110. Jefatura de Gobierno de México, «Mensaje de la jefa de Gobierno, Clara Brugada Molina, durante el acto de celebración por la toma de posesión, en el Teatro Metropólitan», 5 de octubre de 2024, <https://jefaturadegobierno.cdmx.gob.mx/comunicacion/nota/mensaje-de-la-jefa-de-gobierno-clara-brugada-molina-durante-el-acto-de-celebracion-por-la-toma-de-posesion-en-el-teatro-metropolitan>.

111. Jefatura de Gobierno de México, «Anuncia jefa de Gobierno, Clara Brugada, las primeras 16 Utopías que transformarán la vida de las y los capitalinos», 18 de diciembre de 2024, <https://jefaturadegobierno.cdmx.gob.mx/comunicacion/nota/anuncia-jefa-de-gobierno-clara-brugada-las-primeras-16-utopias-que-transformaran-la-vida-de-las-y-los-capitalinos>.

112. Eudald Carbonell y Juan Luis Arsuaga, *Atapuerca. 40 años inmersos en el pasado*, National Geographic, 2017.

113. Fundación Atapuerca: <https://www.atapuerca.org/>.

114. Ignacio Martínez Mendizábal, «Sonidos en el viento», *Ars Medica*, 2004, <https://www.fundacionpfizer.org/sites/default/files/ars_medica_2004_vol02_num06_299_301_martinez_1.pdf>.

115. «Archaeologists find the oldest burials in Ecuador», *Phys.org*, 2018, <https://phys.org/news/2018-11-archaeologists-oldest-burials-ecuador.html>.

116. Karen E. Stothert, *La Prehistoria temprana de la Península de Santa Elena. Ecuador: cultura Las Vegas*, Guayaquil, Museo Antropológico del Banco Central del Ecuador, 1988.

117. Quintín Cabrera, *Las ciudades son libros que se leen con los pies*, Montevideo, Ediciones Trilce, 2005, <https://www.youtube.com/watch?v=M-o-oLslNIE>.

118. La *Carta de Atenas* es un manifiesto urbanístico que surgió como resultado del IV Congreso Internacional de Arquitectura Moderna (CIAM), realizado en 1933. Este evento tuvo lugar a bordo del barco Patris II, en la ruta Marsella-Atenas-Marsella, y reunió a destacados arquitectos y urbanistas del Movimiento Moderno, entre ellos Le Corbusier, quien publicó una versión del documento en 1942.

119. Le Corbusier, *Principios de urbanismo. La Carta de Atenas*, Barcelona, Planeta DeAgostini, 1986.

120. Abigail Friendly, *Latin American Urbanization and the Political Economy of Inequality*, Utrecht, Utrecht University, 2021, <https://research-portal.uu.nl/files/103033377/0094582x211029289.pdf>.

121. Convención sobre la Diversidad Biológica, *COP16: Global Action Plan on Biodiversity and Health*. Cali, CBD, 2025, <https://www.cbd.int/doc/c/3a01/e211/c16499d5d7ab-d50251aa93f5/cop-16-l-10-en.pdf>.

122. Pedro Bravo, *¡Silencio! Manifiesto contra el ruido, la inquietud y la prisa*, Barcelona, Endebate, 2024.

123. Hartmut Rosa, *Alienación y aceleración: hacia una teoría crítica de la temporalidad en la modernidad*, Buenos Aires, Katz, 2016.

124. Hartmut Rosa, *Resonancia: una sociología de la relación con el mundo*, Buenos Aires, Katz, 2019.

125. Inspirado en el concepto físico de entropía como medida del desorden en un sistema, el término «entropía urbana» alude al aumento del caos espacial y funcional en las ciudades, provocado por procesos de expansión desregulada, desconexión sistémica y pérdida de coherencia territorial.

126. Consiglio Nazionale degli Architetti, Pianificatori, Paesaggisti e Conservatori.

127. «The wealth of nations and the role of architecture for a human welfare-oriented urban economy of cities», Universidad de Estudios de Padua, 4 de abril de 2025, <https://www.unipd.it/news/wealth-nations-and-role-architecture-human-welfare-oriented-urban-economy-cities>.

128. Saskia Sassen, *The Global City: New York, London, Tokyo*, Princeton, Princeton University Press, 1991.

129. ONU-Hábitat, *Estado de las ciudades de América Latina y el Caribe*, 2022, <https://unhabitat.org/estado-de-las-ciudades-de-america-latina-y-el-caribe-state-of-the-latin-america-and-the-caribbean>.

130. CEPAL, *Panorama de la urbanización en América Latina*, 2022, <https://www.cepal.org/es/publicaciones/48077-estudio-economico-america-latina-caribe-2022-dinamica-desafios-la-inversion>.

131. CEPAL, *Desarrollo sostenible, urbanización y desigualdad en América Latina y el Caribe. Dinámicas y desafíos para el cambio estructural*, 2021, <https://www.cepal.org/es/publicaciones/42141-desarrollo-sostenible-urbanizacion-desigualdad-america-latina-caribe-dinamicas>.

132. Lewis Dijkstra *et al.*, *Applying the Degree of Urbanisation: A Methodological Manual to Define Cities, Towns, and Rural Areas for International Comparisons*, Washington, D.C., World Bank, 2021, <https://documents.worldbank.org/en/publication/documents-reports/documentdetail/837011617092867075>.

133. ONU-Hábitat, *Reporte mundial de las ciudades: visualizando el futuro de las ciudades*, 2022, <https://onu-habitat.org/WCR/>.

134. PNUMA, *El peso de las ciudades en América Latina y el Caribe: requerimientos futuros de recursos y potenciales rutas de actuación*, 2021, <https://www.unep.org/resources/report/el-peso-de-las-ciudades-en-america-latina-y-el-caribe-requerimientos-futuros-de>.

135. Muhammad Yunus, *Un mundo de tres ceros: la nueva economía de pobreza cero, desempleo cero y cero emisiones netas de carbono*, Barcelona, Planeta, 2018.

136. Peter Nijkamp, Karima Kourtit, Paul Krugman y Carlos Moreno, «Old wisdom and the New Economic Geography: Managing uncertainty in 21st century regional and urban development», *Regional Science Policiy & Practice*, 2024, <https://www.sciencedirect.com/science/article/pii/S1757780224003354>.

137. Alexander Serrano y Daniel Villalba, *Keeping It Together in a Time of Crisis: Lessons from Bogotá's Drought Management*, Washington, D.C., World Bank, 2025, <https://blogs.

worldbank.org/en/latinamerica/mantenerse-unidos-tiempos-crisis-lecciones-gestion-sequias-bogota>.

138. OPS/OMS, *La calidad del aire y sus impactos en América Latina: informe sobre contaminación atmosférica y salud pública*, 2024, <https://www.paho.org/es/temas/calidad-aire>.

139. CETESB, *Relatório de Qualidade do Ar no Estado de São Paulo*, São Paulo, Companhia Ambiental do Estado de São Paulo, 2025, <https://cetesb.sp.gov.br/ar/publicacoes-relatorios/>.

140. Thiago Lila, «Las muertes por contaminación atmosférica exponen los retos de la industria brasileña», *Dialogue Earth*, 2025, <https://dialogue.earth/es/polucion/muertes-contaminacion-atmosferica-industria-brasil/>.

141. Edgar Morin, «Fabrication des villes de demain: méthode d'approche d'un territoire dans sa complexité urbaine», seminario en la Maison des Sciences de l'Homme du Nord, París, septiembre de 2018.

142. «Architetti: Progetto di futuro: in quali città e territori vogliamo vivere? in un decalogo il Manifesto del CNAPPC», *Archiworld Network*, <https://www.awn.it/attivita/progetto-di-futuro/9804-progetto-di-futuro-in-quali-citta-e-territori-vogliamo-vivere-in-un-decalogo-il-manifesto-del-cnappc>.

143. CNAPPC, «Italy in Proximity. L'Italia du prossimta: il futuro della planificazione urbana e territoriale», Roma, Lettere Veintedue, 2024.

144. Richard Sennett, prólogo a *La revolución de la proximidad: de la «ciudad mundo» a la «ciudad de quince minutos»*, Madrid, Alianza Editorial, 2023.